AF305861

GÉOGRAPHIE

A L'USAGE DES JEUNES ÉLÈVES

DES ÉCOLES PRIMAIRES

ET DES COMMENÇANTS

PAR

LOUIS GRÉGOIRE

Professeur d'Histoire et de Géographie au Lycée Fontanes
et au Collége Chaptal.

PARIS

GARNIER FRÈRES, LIBRAIRES-ÉDITEURS

6, RUE DES SAINTS-PÈRES, 6

COURS ÉLÉMENTAIRE

DE

GÉOGRAPHIE

Clichy. — Impr. PAUL DUPONT, 12, rue du Bac-d'Asnières.

MAPPEMONDE

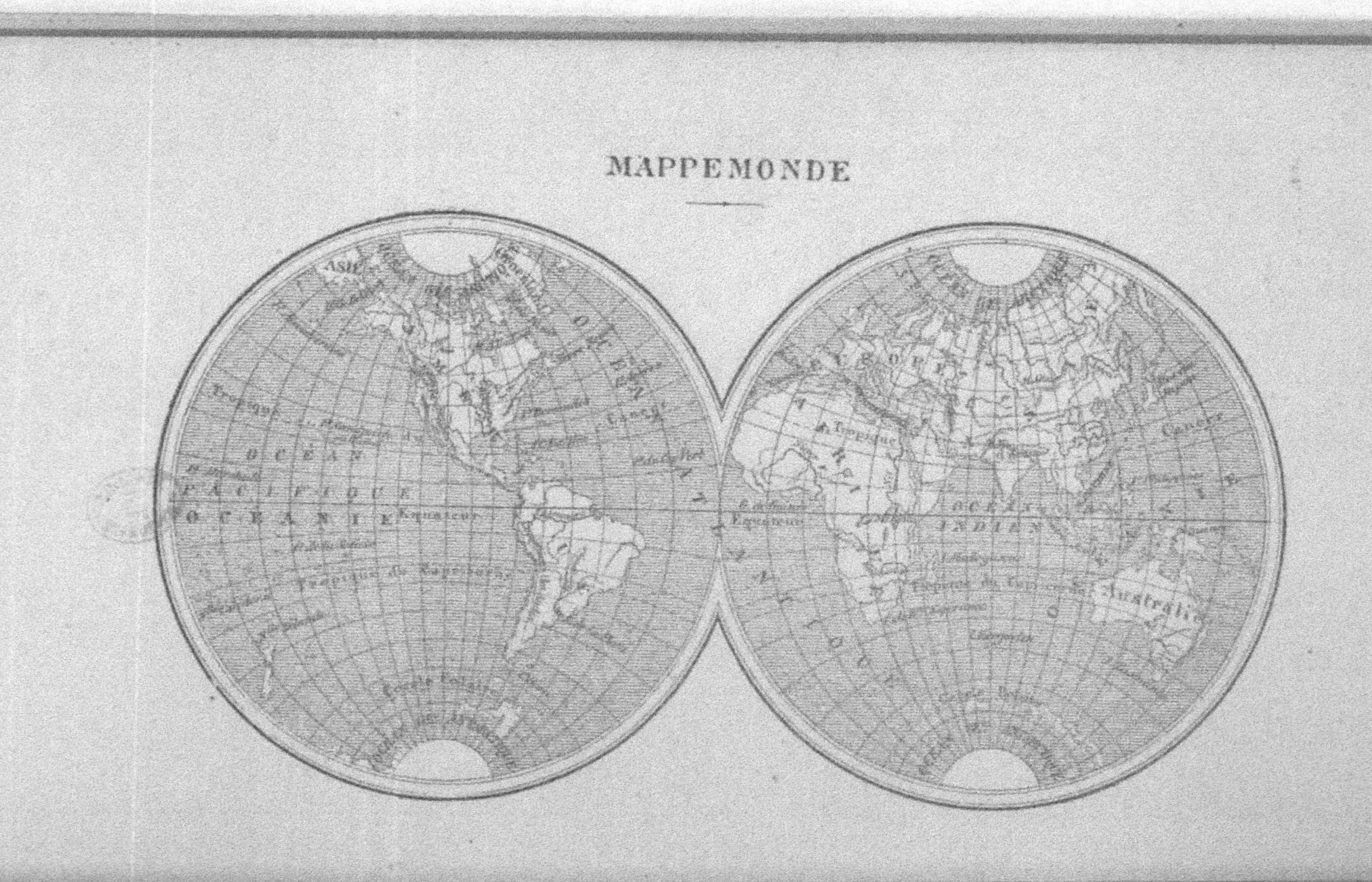

ASIE
OCÉAN PACIFIQUE
OCÉANIE
Équateur
Tropique du Capricorne
Cercle Polaire
EUROPE
OCÉAN INDIEN
Équateur
Australie
AFRIQUE

COURS ÉLÉMENTAIRE

DE

GÉOGRAPHIE

A L'USAGE DES JEUNES ÉLÈVES

DES ÉCOLES PRIMAIRES

ET DES COMMENÇANTS

PAR

LOUIS GRÉGOIRE

Professeur d'Histoire et de Géographie au Lycée Fontanes
et au Collège Chaptal.

PARIS

GARNIER FRÈRES, LIBRAIRES-ÉDITEURS

6, RUE DES SAINTS-PÈRES, 6

AVERTISSEMENT

Ce cours de géographie est destiné aux enfants, qui commencent à étudier. Il répond aux programmes établis pour le cours élémentaire des écoles primaires de la Seine; il s'adresse à tous les maîtres, instituteurs ou parents, qui veulent mettre entre les mains des jeunes enfants un livre pouvant leur servir de guide et d'objet d'étude.

Il n'est pas fait pour tenir la place d'un maître; il doit l'aider, comme il doit aider l'élève. Aussi avons-nous cru inutile d'indiquer, même sommairement, tout ce qu'un maître, quel qu'il soit, expliquera de lui-même beaucoup mieux et beaucoup plus clairement. Est-il besoin de lui montrer comment il doit donner aux enfants une idée de la maison ou de l'école, de la rue, du quartier, etc.; — comment il doit leur apprendre ce que c'est que voyager par terre et par eau ; — ce que c'est que les bois, les champs, etc.?

Toutes ces notions nécessaires qui préparent à l'étude de la géographie, nous avons confiance dans le bon sens et l'intelligence de toutes personnes qui instruisent, pour les donner, pour les faire comprendre, suivant les lieux et les circonstances, aux enfants dont elles ont soin.

Nous n'en avons pas parlé, pour réserver plus de place à des notions d'une autre nature, qu'on néglige peut-être un peu trop dans l'étude de la géographie.

Beaucoup d'enfants ne reçoivent qu'une instruction élémentaire. Nous avons voulu qu'après la lecture de notre petit livre tous eussent une connaissance suffisante de la Terre que nous habitons. Voilà pourquoi nous avons donné une large part aux notions préliminaires de *géographie physique*. Nous pensons qu'il n'est pas difficile de faire comprendre à de jeunes enfants, sans aucun appareil scientifique, la place que la Terre occupe dans l'Univers; ce qui détermine les jours et les saisons ; le rôle des plaines, des plateaux, des montagnes ; la formation des eaux qui arrosent les terres ; l'importance des grands courants, qui sont comme de grands fleuves au milieu des océans.

Nous avons évité toutes les nomenclatures arides, qui ne font que rebuter l'esprit des enfants ; nous nous sommes borné à l'essentiel, au nécessaire. — Comme on l'a dit avec raison, le plan d'études (et ceci s'applique particulièrement à la géographie) peut être comparé à un dessin, dont on commence par tracer le croquis, puis les grandes masses, et auquel on donne enfin la dernière main... L'enfant, qui ne pourra pousser ses études plus loin que le cours élémentaire, possédera, du moins, ces traits essentiels dans leur ensemble.

Nous n'avons pas cru nécessaire de donner nous-même un résumé de chacun des chapitres, de les faire suivre d'un questionnaire. Les maîtres sont très-capables de dicter eux-mêmes ce résumé et de faire les questions variées que suppose l'étude de chaque partie.

Nous avons multiplié les figures instructives

et mis, dans le cours du livre, les cartes essentielles, qui restent entre les mains de l'enfant, qu'il peut revoir souvent, auxquelles il s'habitue chaque jour; tout en recommandant l'usage fréquent, dans les leçons, de cartes plus développées, qui doivent surtout venir en aide à la parole du maître.

Dans un second volume, répondant aux programmes des cours supérieurs, nous réservons les détails, qui pourront alors se graver beaucoup plus aisément dans la mémoire, lorsqu'on aura déjà une connaissance suffisante de l'ensemble.

GÉOGRAPHIE

Notions de géographie générale. — Définitions.

I. — 1, 2, 3. *Préparation à l'étude de la géographie.* — L'école, la rue, le quartier, la commune, l'arrondissement, le département; les champs, les bois, les rivières, les montagnes. — Ce que c'est que voyager par terre, par eau. — Les quatre points cardinaux. — De la carte : tracer au tableau noir un plan du quartier de l'école, et faire voyager les élèves sur ce plan, avec la baguette. — Carte sommaire des environs de la ville ou du village. — Idée de la boussole.

II. — 4, 5, 6. *Nomenclature géographique.* — Expliquer, sur la carte de France, les prin-

cipaux termes de la nomenclature géographique : montagne, chaîne de montagnes,
plateau, vallée ; lac, fleuve, rivière ; cap ; presqu'île, île. — Mer, golfe, baie, détroit.

III. — 7, 8, 9. La *Mappemonde*. — Dé-
monstration familière de la forme de la terre.
— Les terres et les eaux. — Les cinq parties
du monde. — Les grands océans. — Les plus
grandes chaînes de montagnes et les plus
grands fleuves de la terre. — Les trois grandes
races humaines.

IV. — 10, 11, 12. La *France*. — Bornes.
— Principales chaînes de montagnes. — Les
cinq grands fleuves. — La capitale ; les villes
les plus importantes.

GÉOGRAPHIE ÉLÉMENTAIRE

CHAPITRE PREMIER

La Terre. — Sa position dans l'Univers. — Sa forme sphérique. — Son double mouvement sur elle-même et autour du Soleil. — Les jours, les saisons, les cinq zones. — Les cartes géographiques.

§ 1er. — DÉFINITION DE LA GÉOGRAPHIE. — LA TERRE; PREUVES DE SA ROTONDITÉ OU SPHÉRICITÉ.

LA GÉOGRAPHIE est la description de la *Terre* que nous habitons et qui fait partie, dans l'espace immense de l'*Univers*, du système solaire, comprenant le soleil, les planètes avec leurs satellites (comme la lune, satellite de la Terre) et les comètes.

Le *Soleil* est l'une des nombreuses étoiles de l'Univers, sphérique, c'est-à-dire ayant la forme d'une sphère ou d'une boule, comme tous les corps célestes, source de la lumière, de la chaleur et de la vie. Sa surface est 12,000 fois celle de la Terre; sa distance moyenne est d'environ 148 millions de kilomètres; la lumière parcourt cette distance en 8 minutes 16 secondes.

La *Terre* est l'une des planètes, et non pas l'une des plus grosses, éclairées et échauffées par le soleil. Pendant bien des siècles, les hommes ont ignoré la figure et les dimensions du globe terrestre. Encore aujourd'hui on ne connaît pas exactement certaines parties de la Terre.

Elle a la forme d'une boule ou sphère. La *rotondité* de la Terre est prouvée de bien des manières. Lorsqu'un voyageur traverse une plaine vaste et régulière pour se rendre dans une ville, il aperçoit d'abord les points les plus élevés, les sommets des tours et des clochers, puis, en se rapprochant, les toits des habitations et les habitations elles-mêmes. Presque toujours des collines, des plis du sol, des rideaux de verdure, arrêtent les regards et empêchent de voir ainsi apparaître, du sommet à la base, les clochers et les maisons. Mais sur mer, aucun obstacle n'arrête la vue; or celui qui du rivage voit arriver un navire, commence par apercevoir la pointe des mâts, puis les voiles les plus hautes, puis les voiles basses, enfin le navire lui-même. De même, lorsque le navire s'éloigne de la terre, on voit encore le haut des mâts, longtemps après que le corps du bâtiment a disparu. Si la Terre était *plane*, ce n'est pas ainsi que les choses se passeraient. À toute distance, autant que le permettrait la faiblesse de la vue, la tour ou le navire, au lieu de devenir graduellement visible du sommet à la base, serait toujours visible en entier.

Une autre preuve de la rotondité de la Terre se trouve dans la forme de l'*horizon*. On appelle ainsi, d'un mot grec qui signifie *borner*, la limite qui, tout

autour de nous, borne la vue quand on se trouve en
rase campagne ou sur la mer. Or l'horizon forme un
vaste cercle dont le spectateur occupe le centre et
dont les bords se confondent avec le bleu du ciel. Si
la Terre n'était pas ronde, le regard s'étendrait aussi

loin que possible, sans limites arrêtées; or les meilleures lunettes ne permettent pas à la vue de franchir les barrières de cet horizon circulaire. Donc la
Terre doit avoir la forme d'une sphère.

De plus, on sait, par une expérience continuelle
que le Soleil se montre à des heures différentes pour
les différents lieux de la Terre; ce qui ne pourrait
pas arriver si cette Terre était une surface plane. —
Il y a certaines époques où la Terre est placée, dans
son cours, entre le Soleil et la Lune qu'il éclaire; les
rayons de la lumière solaire sont alors interceptés
par la masse de notre planète et la Lune s'obscurcit;
c'est ce qu'on appelle une *éclipse de lune*. Or l'ombre
que la terre projette sur la Lune est alors celle que
produit un corps sphérique, nouvelle preuve que la
Terre a cette forme. — Tous les corps célestes, que
nous pouvons observer, sont également sphériques. —

Enfin, tous les voyages qui ont été faits autour de la Terre, depuis le portugais Magellan, alors au service de l'Espagne, de 1519 à 1522, ont montré qu'en allant toujours dans la même direction on revenait au point de départ.

§ 2. — DIMENSIONS DE LA TERRE.

La Terre est donc ronde et isolée dans l'espace infini. Elle a 40 millions de mètres ou 10,000 lieues de tour. Son rayon, c'est-à-dire la distance du centre du globe à la surface, est de 6,366 kilomètres, ou d'un peu moins de 1,600 lieues. Les plus grandes inégalités de sa surface, qui nous paraissent quelquefois si considérables, ne sont presque rien par rapport à sa grosseur, comme les rugosités de l'écorce d'une orange n'empêchent pas que l'orange soit parfaitement ronde. Supposez une boule, une sphère de deux mètres de hauteur, qui représenterait notre Terre; la plus haute montagne du globe (le Gaurisankar, dans l'Himalaya, en Asie) a 8,840 mètres ; pour la figurer sur notre grosse sphère, il faudrait tout au plus un grain de sable d'un millimètre et demi d'épaisseur.

§ 3. — LA TERRE, EN APPARENCE IMMOBILE, TOURNE SUR ELLE-MÊME, DEVANT LE SOLEIL, EN 24 HEURES.

En apparence, la Terre nous semble immobile au centre de l'Univers; autour d'elle nous voyons tourner l'immense coupole du ciel, entraînant dans son mouvement le Soleil, les étoiles, tous les astres du firmament. Nous disons que le Soleil se lève le *matin*, qu'il monte radieux au plus haut du ciel à *midi*, milieu de la journée, qu'il redescend des hauteurs de la voûte céleste, jusqu'au moment où il disparaît, se couche, au *soir*, lorsque le jour fait place à la nuit. — En réalité, c'est la Terre qui tourne sur elle-même devant le Soleil, de manière à présenter à ses rayons les différentes parties de sa surface. Elle accomplit ce mouvement dans l'espace de vingt-quatre heures ; c'est la durée du *jour*. Ce mouvement est tellement doux qu'il nous est impossible de nous en apercevoir. Lorsque nous sommes dans une voiture, traînée par des chevaux rapides, ou sur un bateau que le courant du fleuve emporte, ou mieux encore sur un chemin de fer, les objets que notre regard rencontre, haies, arbres, maisons, ne nous semblent-ils pas fuir précipitamment dans une direction contraire à celle que nous suivons? Les voyageurs, qui s'élèvent en ballon dans les airs, se croient immobiles dans leur nacelle, transportée sans cahot, sans secousse, et voient au contraire les objets terrestres se mouvoir avec rapidité.

§ 4. — LA TERRE TOURNE AUTOUR D'UNE LIGNE IDÉALE, APPELÉE AXE. — LES PÔLES. — L'ÉTOILE POLAIRE.

La Terre tourne autour d'une ligne imaginaire, qui passe par son centre et qu'on appelle *axe*; les deux points opposés où l'axe perce la surface du globe s'appellent les *pôles*, d'un mot grec qui signifie tourner. Si on prolonge, par la pensée, l'axe de la Terre jusqu'à la rencontre de la sphère idéale du ciel, on rencontre deux points qui nous paraissent immobiles, tandis que toute la voûte céleste nous semble tourner autour de l'axe de la Terre. On donne à ces deux points le nom de *pôles célestes*; chacun d'eux est placé sur la voûte du ciel en face du pôle terrestre correspondant.

Or comment reconnaître la direction de l'axe terrestre? Il suffit d'observer quelle est l'étoile qui ne change pas de place ou qui paraît presque immobile et ne décrit qu'un cercle très-petit autour de l'extré-

mité de l'axe. Cette étoile, la plus voisine du pôle céleste que nous pouvons observer, est l'*Étoile polaire*. Pour la reconnaître pendant une nuit claire, il faut se placer de manière à avoir à sa droite la partie du ciel où le Soleil semble se lever le matin. On voit alors au-dessus de l'horizon un groupe d'étoiles brillantes ou constellation, qu'on nomme la *Grande Ourse* ou le *Chariot de David*. Cette constellation, visible à toute heure, se compose de quatre étoiles formant une sorte de carré long et de trois autres placées en une file irrégulière à l'un des angles de ce carré. Cette dénomination de Grande Ourse est à peu près conventionnelle, car il faut un peu de bonne volonté pour voir dans les quatre premières étoiles le corps de l'animal et dans les trois autres sa queue. Les quatre étoiles représentent mieux un char et les trois autres le timon.

À une certaine distance de la Grande Ourse, tantôt au-dessus, tantôt au-dessous ou même à côté, on voit un autre groupe, une autre constellation de sept étoiles, plus faibles d'éclat, mais disposées de la même manière; c'est la *Petite Ourse*, dont la queue est toujours tournée en sens inverse de celle de la Grande Ourse. La dernière étoile de la queue de la Petite Ourse, qui est d'ailleurs la plus brillante, et qu'on trouve facilement en menant une ligne droite des deux premières étoiles du chariot, est *l'Étoile polaire*, qui reste toujours presque immobile quand tout le firmament semble entraîné d'un mouvement circulaire autour de l'axe. C'est donc très-près de cette étoile que l'axe de la Terre prolongé va rencontrer la voûte idéale du ciel.

§ 5. — LES DEUX PÔLES; — LES DEUX HÉMISPHÈRES. — L'ÉQUATEUR.

Les deux pôles de la Terre tirent leur nom de ces constellations. Celui qui se trouve en face de l'étoile polaire s'appelle *pôle arctique*, du mot grec *arctos*, qui signifie ourse. L'autre pôle, situé à l'autre extrémité

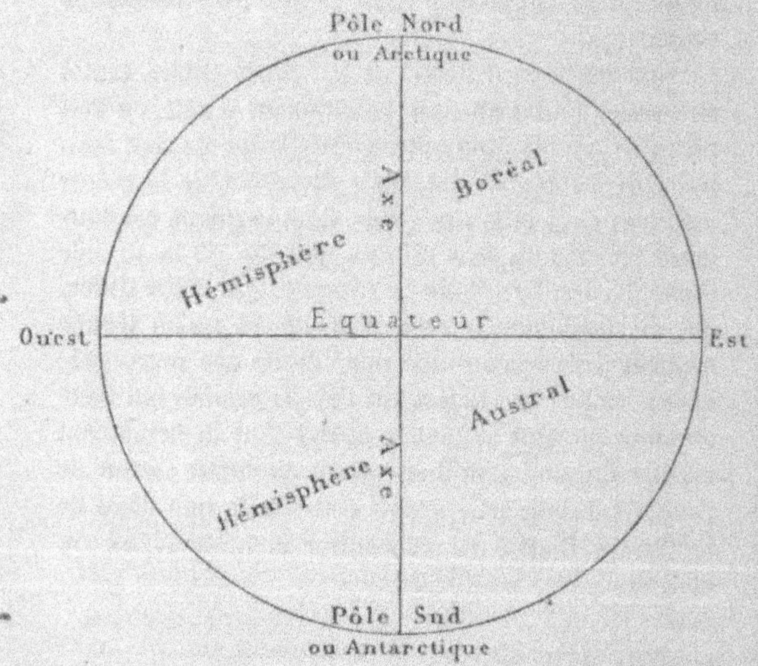

de l'axe terrestre, s'appelle *pôle antarctique*, c'est-à-dire opposé à l'ourse. On donne encore au premier le nom de *pôle boréal*, au second celui de *pôle austral*, des noms de *Borée* et d'*Auster*, divinités qui, suivant les anciens, présidaient au vent du nord et au vent du sud. Enfin on les appelle encore simplement *pôle nord* et *pôle sud*.

La moitié du globe terrestre, de la sphère, qui est du côté du pôle arctique, s'appelle *hémisphère* (moitié de sphère) *boréal*; l'autre moitié s'appelle *hémisphère austral*. La ligne circulaire qui sépare ces deux hémisphères, qui entoure le globe, et qui est par conséquent à égale distance des deux pôles, s'appelle *ligne équatoriale* ou *équateur*, parce qu'elle divise la surface de la Terre en deux parties égales.

§ 6. — LES POINTS CARDINAUX. — QU'EST-CE QUE S'ORIENTER? — LA BOUSSOLE.

La direction de l'axe de la Terre et celle du mouvement apparent des astres déterminent les quatre points principaux de l'horizon, c'est-à-dire les *quatre points cardinaux :* le nord, le sud, l'est et l'ouest. Le *Nord* ou *Septentrion* (les sept du char) se trouve dans la direction de l'étoile polaire; — le *Sud* ou *Midi* est le point de l'espace dirigé vers le pôle antarctique; — l'*Est*, l'*Orient* ou le *Levant* est le point vers lequel le soleil semble se lever; — l'*Ouest*, l'*Occident* ou le *Couchant*, celui vers lequel il semble se coucher. La Terre, tournant sur elle-même de l'Ouest à l'Est, chaque point de la surface croit voir nécessairement le soleil se lever à l'Est et se coucher à l'Ouest.

On désigne les quatre points cardinaux par ces abréviations : N.—S.—E.—O. On nomme nord-est la direction intermédiaire entre le nord et l'est ; sud-est, la direction entre le sud et l'est ; nord-ouest, la direction entre le nord et l'ouest ; sud-ouest, la direction entre le sud et l'ouest.

On a même multiplié les points intermédiaires : ainsi,

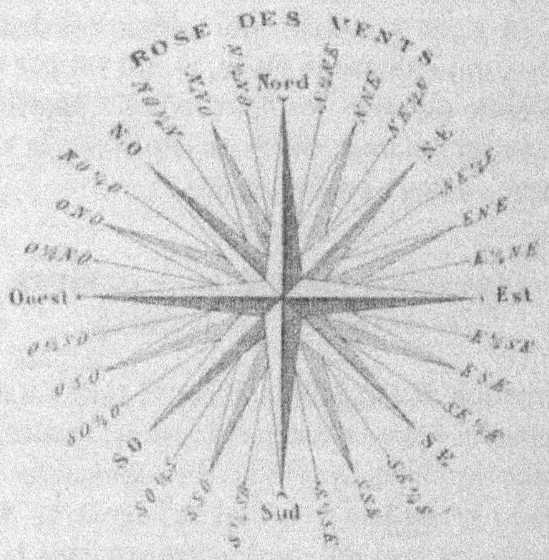

entre l'E. et le N.-E., il y a l'E. ¼ N.-E., l'E.-N.-E., etc. On a ainsi formé les 32 directions qui font ce qu'on nomme la *Rose des Vents*.

Dans les cartes géographiques, destinées à représenter la configuration des différentes parties de la Terre, le nord est toujours en haut, le sud en bas, l'est à droite, l'ouest à gauche. Il faut remarquer que dans l'usage habituel les points cardinaux n'indiquent que les positions relatives des lieux; ainsi Paris est au N. d'Orléans, mais au S. de Lille.

Pour *s'orienter*, c'est-à-dire pour reconnaître la direction des points cardinaux, il est facile, quand le soleil brille, de remarquer le point où il se lève et celui où il se couche. Si l'on regarde le soleil levant, on a l'est devant soi, l'ouest en arrière, le nord à gauche et le sud à droite. Pour s'orienter pendant la nuit, dans la moitié de la sphère où nous sommes, on regarde *l'Étoile polaire*, toujours placée pour nous dans la direction du nord; alors on a le sud derrière soi, l'est à sa droite et l'ouest à sa gauche.

Mais le ciel est souvent couvert de nuages pendant le jour et pendant la nuit. Comment alors s'orienter, pour reconnaître sa direction, sa route? Jadis les marins osaient à peine s'aventurer loin des côtes; pendant les nuits obscures, ils étaient forcés de plier leurs voiles et de s'abandonner à la Providence. Un instrument qu'on appelle la *boussole* a permis les grandes découvertes des temps modernes. Connue probablement des Chinois avant l'ère chrétienne, elle fut employée et perfectionnée par les marins de l'Italie, de la Provence, et employée par ceux de l'Europe, à partir du XIIIe siècle.

Une aiguille d'acier, aimantée, posée sur un corps flottant à la surface de l'eau ou mobile sur un pivot vertical, tourne sur elle-même jusqu'à ce qu'une de ses extrémités aille dans *la direction du nord*. Cette aiguille et son pivot, placés au centre d'une rose des vents, forment la boussole. Ainsi les navigateurs, même dans les nuits les plus obscures, peuvent en quelque sorte voir toujours où est le Nord. Il faut seulement remarquer que l'aiguille ne se dirige pas exactement vers le nord; ainsi à Paris elle incline de 20 degrés vers l'ouest; c'est ce qu'on appelle la *déclinaison de Paris*; chaque région a sa déclinaison particulière, qui change même un peu chaque année. Mais on sait tenir compte de toutes ces variations et on peut être assuré de trouver avec une exactitude suffisante le point nécessaire pour s'orienter.

§ 7. — VITESSE DE CHAQUE POINT DE LA TERRE DANS LE MOUVEMENT DIURNE.

Nous avons dit que la Terre tournait autour de son axe en 24 heures; c'est le *mouvement diurne*. Tous les points de la surface du globe accomplissent, en vingt-quatre heures, leur révolution; mais tous n'ont pas à parcourir des cercles également grands. Les points les plus éloignés de l'axe ont le plus grand tour à faire et sont nécessairement animés d'une plus grande vitesse; comme ils ont 10,000 lieues à parcourir en 24 heures, leur vitesse est d'environ 7 lieues par minute. Dans nos contrées, la vitesse est moindre; elle est de 5 lieues environ par minute, c'est-à-dire presque la vitesse du boulet chassé par le canon. Les points voisins des pôles vont plus lentement; les pôles restent immobiles ou plutôt tournent sur eux-mêmes. L'atmosphère, c'est-à-dire la couche d'air qui enveloppe la Terre, tourne elle-même avec le globe dont elle fait partie; si elle était immobile, il régnerait continuellement sur toute la surface de la Terre un vent d'une violence extrême, d'une vitesse de cinq lieues dans nos régions, tandis que, dans les ouragans les plus furieux, le vent parcourt au plus trois quarts de lieue par minute.

§ 8. — LA TERRE TOURNE AUTOUR DU SOLEIL EN 365 JOURS. — LES SAISONS. — INÉGALITÉ DES JOURS.

Outre ce mouvement diurne, qui produit l'alternative du jour et de la nuit, la Terre a un autre mouvement qui produit les saisons et l'inégalité des jours ; c'est le mouvement de translation autour du Soleil, qui lui est commun avec toutes les autres planètes. On a souvent comparé ces deux mouvements simultanés à ceux d'une toupie, qui, vigoureusement lancée, tourne sur elle-même tandis qu'elle court en rond sur le sol.

La Terre circule autour du Soleil dans un espace de temps de trois cent soixante-cinq jours ou une année, avec une vitesse de 27,000 lieues dans une heure. Si l'axe de la Terre était perpendiculaire au plan de l'orbite annuelle, les jours et les nuits seraient de 12 heures pour toute la Terre et il n'y aurait pas de variations dans les saisons. Mais la ligne des pôles est inclinée sur cette orbite. Aussi chaque jour la position de chaque lieu varie dans son rapport avec le soleil ; tantôt le soleil semble décrire un cercle de plus en plus vaste, en montant dans le firmament du sud vers le nord ; c'est alors pour nous le temps des saisons les plus chaudes et des jours les plus longs ; tantôt, au contraire, il semble s'abaisser dans le firmament du nord vers le sud, décrivant chaque jour un cercle de

plus en plus petit ; c'est pour nous le temps des saisons les plus froides et des jours les plus courts. Sans
entrer dans des explications savantes, nous nous con-
tenterons de dire ce que tout le monde doit connaître
et peut retenir facilement.

§ 9. — LES SAISONS : L'ÉQUINOXE DU PRINTEMPS ; LE
SOLSTICE D'ÉTÉ ; L'ÉQUINOXE D'AUTOMNE ; LE
SOLSTICE D'HIVER. — LES CERCLES POLAIRES ET LES
TROPIQUES.

Deux fois par an, le 20 mars et le 22 septembre, les
rayons du soleil tombent perpendiculairement sur

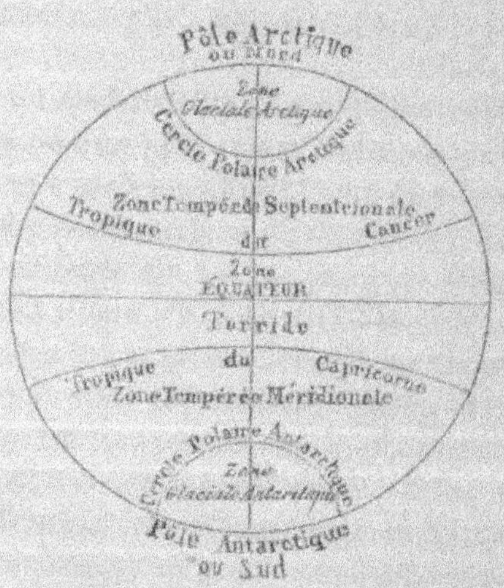

l'Équateur terrestre. Au 20 mars, commencement du
printemps pour nous, il y a 12 heures de jour et

12 heures de nuit pour toutes les parties de la Terre ; c'est l'époque qu'on nomme *Equinoxe* (Nuits égales) *du Printemps*. Au 21 juin, commencement de l'Eté, le soleil semble s'arrêter dans sa marche apparente vers le nord ; de là le nom de *Solstice d'Eté* donné à ce jour ; alors les rayons solaires tombent perpendiculairement sur une ligne de la surface terrestre qu'on nomme *Tropique du Cancer* (d'un mot grec qui signifie tourner) ; c'est pour nous le plus long jour de l'année et la nuit la plus courte ; le soleil éclaire alors toute la partie de la sphère qui s'étend depuis le pôle Nord jusqu'à une ligne circulaire, parallèle au Tropique, et qu'on nomme *Cercle polaire arctique* ; le 21 juin, sur toute cette ligne, le jour est de 24 heures et la nuit est nulle.

Depuis le 21 juin, le soleil semble rétrograder vers l'Équateur ; et le 22 septembre, il se retrouve directement au-dessus de cette ligne ; c'est alors l'*Equinoxe d'Automne* ; les jours sont encore égaux aux nuits par toute la Terre. — Trois mois après, au 21 décembre, le soleil s'est éloigné de nous ; il arrive au-dessus d'une ligne circulaire, le *Tropique du Capricorne*, qui est à la même distance de l'Équateur que le Tropique du Cancer ; c'est alors *le Solstice d'Hiver* ; c'est pour nous l'époque du jour le plus court et de la nuit la plus longue ; le soleil éclaire alors toute la partie de la sphère située entre le Pôle antarctique et une ligne circulaire appelée *Cercle polaire antarctique* ; le 21 décembre, sur toute cette ligne, le jour est de 24 heures et la nuit nulle.

§ 10. — INÉGALITÉ DES JOURS. — LES CINQ ZONES.

Ainsi, de l'équinoxe du printemps à l'équinoxe d'automne, il y a un jour de 6 mois au pôle boréal et une nuit de 6 mois au pôle austral; des jours variant de 24 heures à 6 mois, du cercle polaire arctique au pôle boréal, et des nuits variant de 24 heures à 6 mois, du cercle polaire antarctique au pôle austral; des jours variant de 12 heures à 24 heures, de l'Équateur au cercle polaire arctique, et des nuits variant de 12 heures à 24 heures, de l'Équateur au cercle polaire antarctique. C'est le contraire de l'équinoxe d'automne à l'équinoxe du printemps.

De là la division de la surface de la Terre en cinq grandes régions appelées *zones*, d'un mot grec qui signifie ceinture. La *zone torride* s'étend des deux côtés de l'Équateur, entre les deux Tropiques; de là le nom de contrées intertropicales; les *deux zones tempérées*, boréale et australe, sont situées dans chaque hémisphère, entre chacun des tropiques et chaque cercle polaire; les *deux zones glaciales*, boréale et australe, ou arctique et antarctique, sont deux calottes sphériques qui entourent chacun des pôles et finissent aux cercles polaires.

Dans la zone torride, dont la surface est la plus considérable, le soleil à l'heure de midi, est presque toujours au point le plus élevé du ciel; de là la haute température des contrées *intertropicales*. Les nuits et les jours ayant une durée presque toujours égale, la

Végétation intertropicale.

température varie peu, et il n'y a pour ainsi dire qu'une saison, l'été. Les arbres n'y perdent jamais leur verdure; la végétation, quand il y a de l'humidité, est luxuriante; les fleurs, aux couleurs éclatantes, y poussent à profusion. C'est la patrie des oiseaux au brillant plumage; mais c'est là aussi que vivent les grands animaux sauvages, l'éléphant, le rhinocéros, l'hippopotame, le tigre, les monstrueux reptiles, les insectes redoutables. L'homme, dominé par un climat énervant, y est généralement misérable.

Dans les deux zones tempérées les rayons du Soleil n'arrivent au sol qu'obliquement, surtout en hiver; aussi la température est-elle plus douce; elle est aussi plus variable, à cause de cette obliquité plus ou moins grande des rayons solaires, et aussi à cause de l'inégalité des jours et des nuits. C'est là qu'il y a véritablement les 4 saisons. Les zones tempérées, moins riches que la zone torride, donnent les productions les plus utiles à l'homme, les céréales, la vigne, etc. C'est aussi là que l'homme peut déployer librement toute son activité corporelle, toutes les ressources de son intelligence. C'est le domaine de la civilisation et de la puissance.

Dans les deux zones glaciales, l'action du Soleil, même dans la partie de l'année où il éclaire ces régions, est beaucoup moins sensible en général; quand l'hiver, quand la nuit sont arrivés, le froid devient excessif, la mer se gèle à une grande profondeur. La végétation s'étiole, diminue, disparaît; les maigres buissons de saules, de bouleaux cessent de traîner languissamment à terre; puis les herbes, les mousses,

les lichens ; enfin, il n'y a plus que de la neige et de la
glace qui recouvrent la terre. Ces régions déshéritées
semblent interdites à la race humaine ; on n'y trouve
que quelques rares individus, chétifs de taille, trapus,
sauvages, vivant avec peine de la chasse et de la pêche ;
ou quelques intrépides voyageurs, venus d'Europe,
qui cherchent, par amour de la science, à pénétrer
les mystères de ces pays encore presque inconnus.

§ 11. — LES GLOBES, LES MAPPEMONDES, LES CARTES
GÉNÉRALES, PARTICULIÈRES, etc., REPRÉSENTENT LA
TERRE OU LES PARTIES PLUS OU MOINS GRANDES DE SA
SURFACE.

Pour faciliter l'étude de la géographie, on représente
la Terre, soit par des globes ou sphères, soit par des
cartes à surface plane.

Les *globes* ont l'avantage de reproduire la forme de
la Terre, de faire comprendre facilement, à la simple
vue, la position respective de toutes les parties de notre
planète. Mais l'usage des globes est loin d'être toujours
commode, et d'ailleurs, même en leur donnant de grandes dimensions, on ne peut s'en servir, pour indiquer
tous les détails qui font connaître la superficie et le
relief des diverses régions de la surface de la Terre.

On a donc eu recours à plusieurs moyens ingénieux
pour représenter au moyen de cartes planes ce qui est
convexe dans la nature.

Les cartes qui nous montrent la Terre tout entière,
sur un seul plan, sont des *mappemondes* ou des *pla-
nisphères*.

Les cartes qui représentent une partie du monde s'appellent *cartes générales*; celles qui représentent seulement une contrée, comme la France, sont des *cartes particulières*. Les *cartes spéciales* ont pour objet des études déterminées, comme les cartes marines, qui font connaître les mers et les côtes et sont indispensables à la navigation; comme les cartes topographiques, qui rendent dans leurs détails le relief et l'aspect de chaque lieu, et qui sont surtout nécessaires à la guerre. Les *plans* sont les cartes qui représentent une faible étendue de terrain, une ville, avec ses quartiers, ses rues, ses monuments.

§ 12. — LES PARALLÈLES ET LES DEGRÉS DE LATITUDE. — LES MÉRIDIENS ET LES DEGRÉS DE LONGITUDE.

Pour déterminer la position d'un lieu quelconque sur la surface de la Terre, on a imaginé de se servir des parallèles et des méridiens. On appelle *parallèles* les lignes circulaires, parallèles entre elles, de l'équateur à chaque pôle; on appelle *méridiens* de grands cercles, perpendiculaires à l'équateur, passant par le centre de la Terre et par les deux pôles; on leur donne ce nom, parce qu'il est midi en même temps pour tous les points situés sur le même méridien, d'un pôle à l'autre, dans la moitié de la sphère éclairée par le soleil, et minuit pour tous les points situés sur le même méridien, dans l'autre partie qui n'est pas éclairée. De là la division de la surface de Terre en *degrés de latitude* et *degrés de longitude*; la LATITUDE d'un lieu est sa distance à l'équateur; on a divisé la distance de l'équateur à cha-

que pôle en 90 parties égales ou degrés; chaque degré en 60 parties ou minutes; chaque minute en 60
parties ou secondes, et on dira que Paris est à 48 degrés 50 minutes 49 secondes de latitude Nord (au nord
de l'équateur), ce qu'on écrit ainsi : 48° 50' 49" lat. N.

De même on a divisé la surface du globe dans le

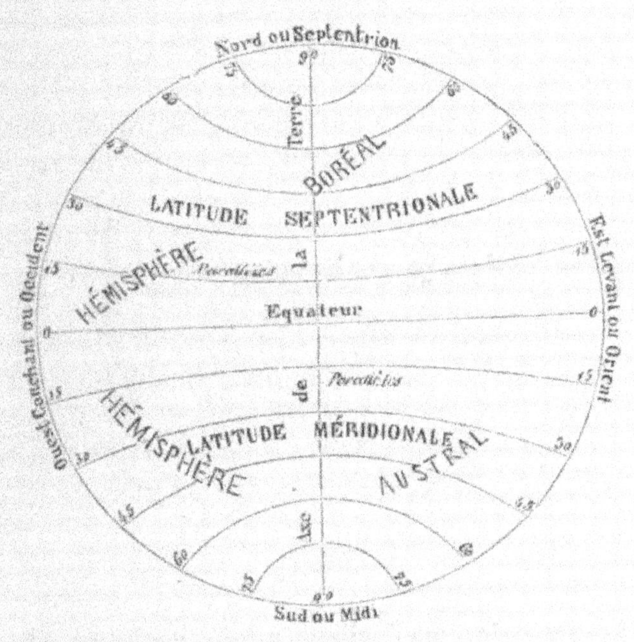

sens des méridiens en 360 parties égales qu'on appelle
également degrés, subdivisés en minutes et en secondes; les différents peuples ont pris pour point de
départ un méridien à leur convenance; ainsi les Français ont adopté celui qui passe par l'Observatoire de
Paris et par les deux pôles. La LONGITUDE d'un lieu

quelconque est la distance de ce lieu au premier méridien ; ainsi on dira Brest est à 6°. 49′ 42″ longitude Ouest du méridien de Paris.

La position de chaque lieu est donc nettement déterminée, lorsqu'on en connaît exactement la latitude

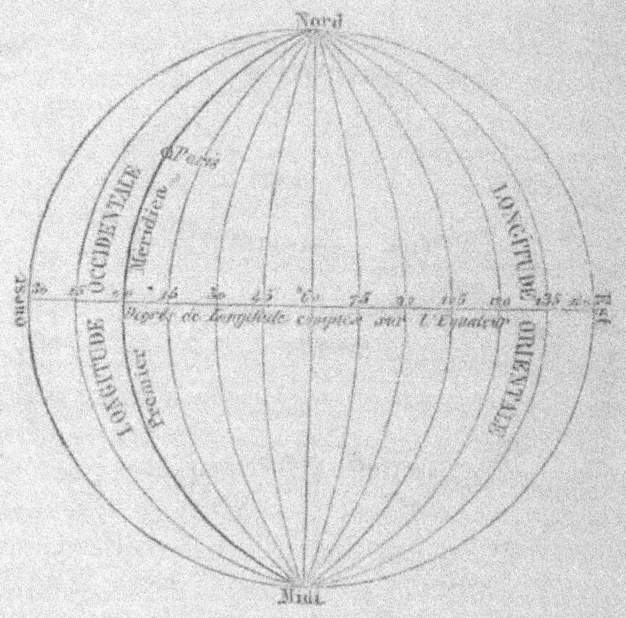

et la longitude ; on l'indique ainsi : Bordeaux est à 44° 50′ 19″ lat. N. et à 2° 54′ 56″ long. O. de Paris.

Remarquons qu'une différence d'un degré de longitude correspond à une différence de temps de 4 minutes. Le soleil en effet éclaire successivement les 360 degrés de longitude en 24 heures ; il semble donc parcourir 15 degrés dans une heure ou un degré en minutes. Nous disions que Brest était à 6° 49' de long. O.; il y a donc une différence de plus de 27 minutes entre l'heure de Paris et l'heure de Brest; lorsqu'il est midi à Paris, il n'est encore que 11 heures 33 minutes à Brest. Prenons d'autres exemples encore plus frappants : Constantinople est à 26° 38' 50" long. E. de Paris; lorsqu'il est midi à Paris, il est 1 heure 46 minutes 35 secondes à Constantinople; New-York, la plus grande ville des États-Unis d'Amérique, de l'autre côté de l'océan Atlantique, est à 76° 20' long. O.; quand il est midi à Paris, il n'est encore que 7 heures du matin environ à New-York. La transmission d'une dépêche par la merveilleuse découverte de l'électricité se faisant presque instantanément, on voit par là qu'une dépêche envoyée de Paris à midi, s'il n'y a eu aucune cause de retard, arrive à New-York lorsqu'il n'est encore que 7 heures du matin dans cette ville. — Mais, d'un autre côté, Dunkerque en France, au N. de Paris, Carcassonne en France, au S. de Paris, Alger en Afrique, se trouvant sur le méridien de Paris, il est midi dans ces villes lorsqu'il est midi à Paris.

MAPPEMONDE

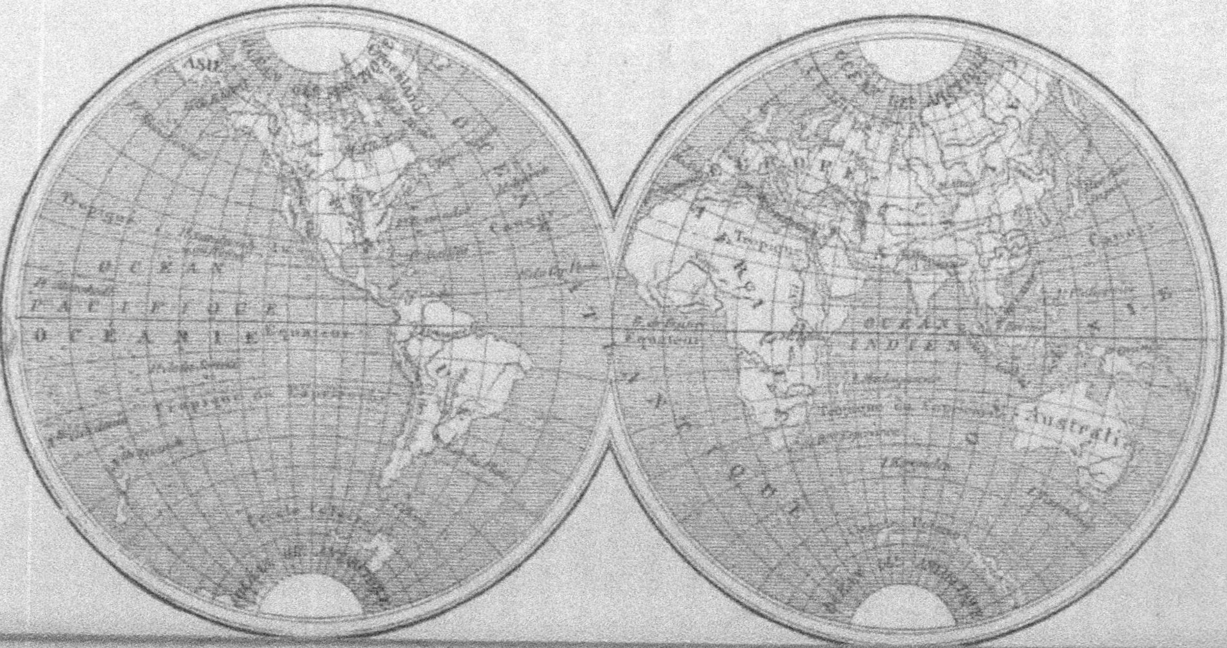
OCÉAN
PACIFIQUE
OCÉANIE
Équateur
Tropique
Canc.
Tropique du Capricorne
OCÉAN
INDIEN
Équateur
Australie

CHAPITRE II

Les continents.—Les plaines, les plateaux, les montagnes.—
Les volcans.

La *Géographie* ou description générale de la Terre
comprend :

1° La *Géographie physique*, ou description de la surface terrestre, divisée en deux parties principales, la
description des montagnes ou *orographie*, et la description des eaux qui arrosent les terres, des mers
qui les entourent, ou *hydrographie;*

2° La *Géographie politique* ou description des États,
étude de leurs divisions administratives, de leurs villes, etc. ;

3° La *Géographie économique*, comprenant l'indication
de leurs richesses minérales, agricoles, industrielles,
de leur commerce, etc.

§ 13. — DIVISION DE LA SURFACE DU GLOBE. — L'OCÉAN.
— LES CONTINENTS.

La surface du globe se divise en deux grandes parties, les mers et les terres. L'ensemble des mers ou
de la masse liquide, qu'on appelle d'un nom général,

l'*Océan*, couvre à peu près les trois quarts de la surface; l'ensemble des terres n'en couvre que le quart environ.

Les terres, qui s'élèvent au-dessus des eaux, présentent deux vastes espaces continus, qu'on nomme *continents*; l'*Ancien Continent* comprend l'Asie, l'Afrique, l'Europe; on lui donne ce nom, parce qu'il a été le seul connu, et encore imparfaitement, par les peuples anciens; c'est le plus vaste; — le *Nouveau Continent* ou *Nouveau Monde*, ainsi nommé parce qu'il n'a été découvert et définitivement exploré que depuis le voyage du grand navigateur génois, Christophe Colomb, en 1492, comprend les deux Amériques. Au S.-E. de l'ancien continent, parmi les terres moins étendues, qu'on appelle des *îles*, répandues dans l'immensité de l'Océan, et qui forment une dernière partie du monde, l'Océanie, on trouve un troisième continent beaucoup moins vaste que les deux autres; on lui a donné le nom de *Nouvelle-Hollande*; on l'appelle avec plus de raison *Continent Austral* ou *Australie*.

§ 14. — INÉGALITÉS DE LA SURFACE DES TERRES. — AVANTAGES DE CES INÉGALITÉS.

Étudions d'abord les continents. La surface des terres est couverte d'innombrables irrégularités; ici des ravins, des coupures profondes; là, des montagnes qui s'élèvent jusqu'au milieu des nuages; là d'immenses plaines se développant presque au niveau des mers, ou des plateaux, les uns d'un aspect monotone, les autres interrompus çà et là par quelques boursou-

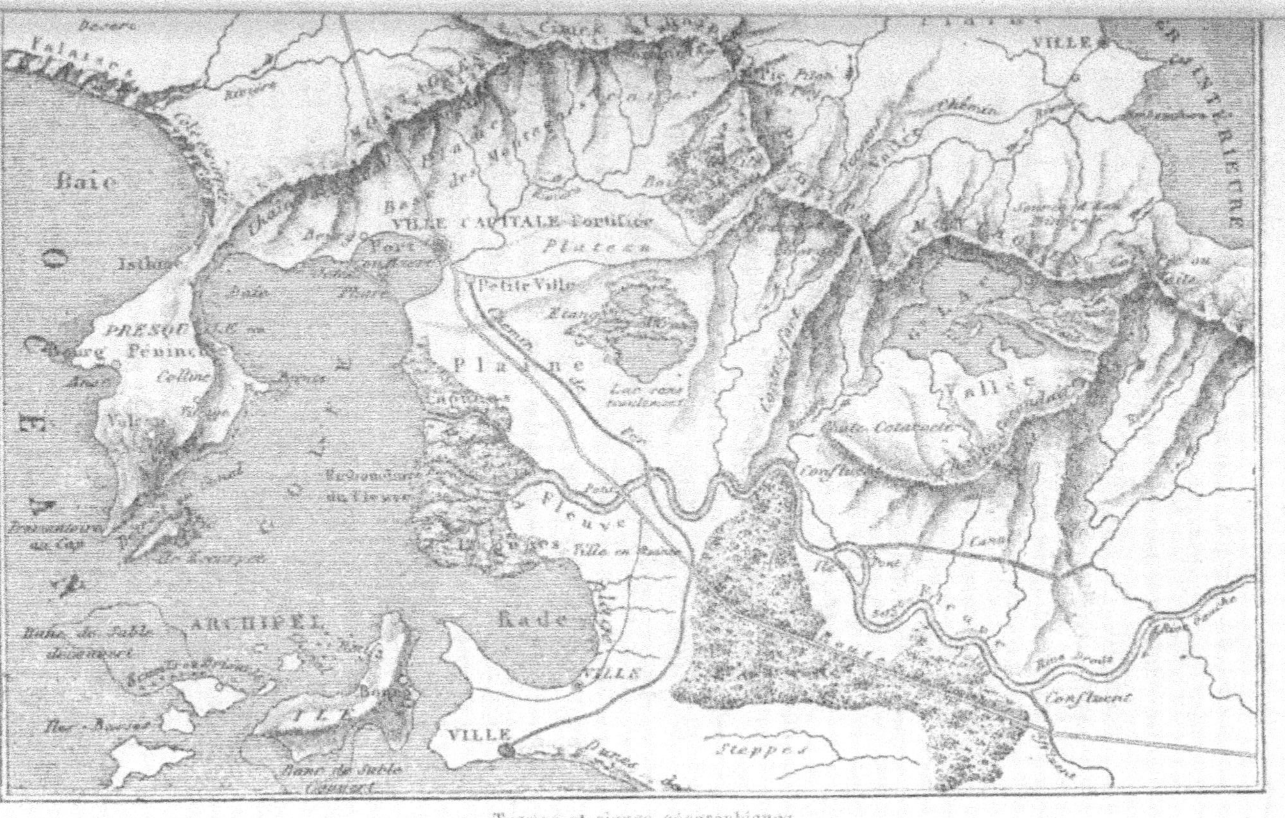

Termes et signes géographiques

flures de terrain, parfois même surmontés par des hauteurs considérables. On a calculé que si les parties montagneuses étaient partout rasées, et que leurs matériaux fussent employés à combler les plaines, les parties basses des terres, de manière à convertir la surface du globe en une sorte de plateau uni, la hauteur des continents au-dessus des mers ne serait que de 300 mètres environ. Pour représenter ce relief moyen des continents sur une grosse sphère de deux mètres de diamètre, il faudrait l'épaisseur d'une simple feuille de papier.

Si la surface des continents n'était pas hérissée de nombreuses inégalités, non-seulement les terres offriraient un aspect d'une monotonie désespérante, mais elles seraient presque stériles, et ressembleraient probablement à de vastes déserts, à peine habités par quelques populations misérables. Les plateaux élevés, les montagnes de différentes grandeurs, ont la plus heureuse influence sur les destinées de notre planète. Les parties hautes du globe font d'abord diversion à l'uniformité des plaines par leurs formes variées, par la majesté sauvage de leurs masses pyramidales. Mais de plus, comme nous le verrons avec quelques détails, elles sont la cause principale de la formation et de la circulation des eaux continentales, qui fécondent le sol et portent la vie; sur leurs flancs se prépare la terre végétale, qui descend dans les parties basses pour les enrichir. Enfin, avec sa surface inégale, la terre est variée dans sa fécondité; la vallée humide a ses verts pâturages; la plaine, ses moissons; le coteau, ses vignobles; la région montueuse, ses forêts.

§ 15. — LES PLAINES ; LEUR DIVERSITÉ.

On divise généralement la surface des terres en trois sortes de régions : les plaines, les plateaux, les montagnes.

Les parties basses ou *plaines* proprement dites constituent la moitié de la surface des terres et s'élèvent peu au-dessus du niveau des mers; elles ne présentent que de légères ondulations. L'une des plaines les plus vastes de l'ancien continent est celle qui s'étend de la France septentrionale, par la Belgique, la Hollande, l'Allemagne du Nord, la Russie, jusqu'en Sibérie, où elle se prolonge jusqu'à l'extrémité orientale de l'Asie.

De ces plaines les unes sont arrosées par de grands cours d'eau et fertiles, comme les plaines que fécondent en France les eaux du Rhône, de la Loire, de la Seine; d'autres sont couvertes de cailloux, comme la plaine de la Crau, à l'E. du Rhône, où pousse seulement un gazon fin et parfumé; qui sert de nourriture à de nombreux troupeaux de moutons, pendant la partie la moins chaude de l'année; d'autres sont des terrains plats, sablonneux ou marécageux, revêtus de bruyères ou de gazons coriaces, comme la plaine triangulaire des Landes, au S.-O. de la France, de la Gironde à l'Adour, au N. des Pyrénées.

Plaine de Marathon, en Grèce.

§ 16. — LES DÉSERTS ET LES OASIS : STEPPES, TOUNDRAS, JUNGLES, SAVANES, LLANOS, PAMPAS.

Plusieurs de ces plaines sont rebelles à toute culture et portent le nom général de *déserts*, surtout quand elles sont privées d'eau. Tel est le grand désert du Sahara, qui traverse à peu près toute l'Afrique septentrionale de l'O. à l'E. ; tels sont les déserts de l'Arabie centrale. Même au milieu de ces déserts, quelques plis de terrain, quelques hauteurs qui donnent naissance à de faibles cours d'eau, viennent rompre la monotonie de la vaste plaine et protégent quelques cantons fertiles qu'on nomme *oasis*. Ces déserts ne sont pas tous d'ailleurs dans les parties basses dés continents ; plusieurs occupent des parties plus élevées ou plateaux, comme les déserts de Perse, dans le plateau de l'Iran en Asie, et surtout le vaste désert de Gobi sur le plateau central de cette partie du monde.

Les déserts ne sont pas tous sablonneux, comme le Sahara ; plusieurs sont marécageux ou bien encore se couvrent d'herbes que les chaleurs dessèchent complétement. On leur donne différents noms, suivant les différents pays et aussi d'après leurs différents aspects : les *steppes* couvrent dans la Russie méridionale et dans le Turkestan asiatique une grande partie de la vaste dépression des terres que présente cette région de l'ancien continent ; — les *toundras* sont les vastes plaines de la Sibérie septentrionale, glacées pendant l'hiver, horribles marécages pendant les courtes chaleurs ; dans les Indes, au S. de l'Asie, les déserts se nomment *jungles; karrous*, au S. de l'Afrique. — Dans le Nouveau Monde, les plaines occupent une place relativement plus grande que dans l'ancien continent, mais elles renferment moins de véritables déserts; ainsi dans l'Amérique septentrionale, les *savanes* ou prairies sont de vastes espaces couverts d'herbes fleuries, parsemés de quelques bouquets d'arbres qui pourront être transformés en terres cultivées, comme une partie des steppes de la Russie méridionale. Dans l'Amérique du Sud, les *llanos* de la Colombie au N., entre le grand fleuve l'Orénoque et la chaîne de montagnes des Andes, sont recouverts d'une herbe touffue qui fournit d'immenses pâturages où les bœufs et les chevaux errent par milliers. Mais quand la chaleur se fait sentir, le sol se dessèche, les cours d'eau, les lacs, les bourbiers même tarissent; la terre se fend; les plantes se réduisent en poussière; les bestiaux fuient ou meurent de faim et de soif, et les llanos ressemblent aux déserts du Sahara, jusqu'aux orages abondants de la saison pluvieuse.

Au S. de l'Amérique méridionale, les *pampas* argentines ont une étendue trois fois plus considérable, de 1,300,000 kilomètres carrés. C'est une plaine immense dont la surface est presque partout horizontale, depuis les régions brûlantes du Brésil jusqu'aux froides contrées de la Patagonie. Ici s'étendent de vastes espaces couverts d'une herbe haute où vivent les innombrables troupeaux sauvages de la république Argentine; là sont des massifs de plantes épineuses ou de chardons gigantesques; dans plusieurs parties le gazon est court et disparaît même, lorsque le sol, revêtu de cou-

ches salines, est complétement dépouillé de verdure ;
plus au N., dans la partie qu'on appelle le désert de
Gran-Chaco, on trouve des fourrés d'arbres épineux,
avec des bouquets de palmiers, au milieu de terrains
presque toujours noyés.

§ 17. — LES PLATEAUX ; LEURS DIFFÉRENTES ESPÈCES.

Les *plateaux* sont des parties de la surface terrestre, généralement d'une étendue assez grande, assez
élevées au-dessus du niveau de la mer, dominant les
pays d'alentour et formant comme des espèces d'îles
au milieu des terres. Quelquefois les plateaux offrent
l'aspect de plaines hautes ; quelquefois ils sont eux-
mêmes surmontés de collines ou de montagnes, comme
le plateau central de la France, qui a une hauteur d'environ 600 mètres et qui supporte les différentes chaînes des montagnes de l'Auvergne ; comme le plateau
d'Anahuac au Mexique, dans l'Amérique septentrionale,
haut de 1,800 à 2,700 mètres, et qui est lui-même dominé par de grandes montagnes, le Popocatepelt, le
pic d'Orizaba, etc. ; comme le plateau de Bolivie, dans
l'Amérique méridionale, haut de 4,000 mètres, qui est
couronné de sommets beaucoup plus élevés. — Il y a
des plateaux entourés de montagnes de toutes parts ;
l'un des plus remarquables est celui de l'Iran ou de la
Perse en Asie.

Les plateaux situés dans les régions tempérées ou
froides sont en général peu fertiles, d'abord parce
que le climat y est plus rude que dans les plaines voisines, à cause de la hauteur ou *altitude* ; ensuite, parce

qu'ils sont exposés à perdre peu à peu leur terre végétale qu'entraînent les eaux pluviales et les eaux courantes dans les plaines fécondées par ces alluvions. Tel est l'aspect d'une partie du plateau central de la France et surtout des plateaux des Causses ou de Larzac, à l'O. des Cévennes, haute plaine calcaire, où pour toute culture on voit de loin en loin quelques maigres carrés de pommes de terre ou d'avoine, sans arbres, sans mince filet d'eau, mais qui nourrit cependant de ses gazons d'assez nombreux troupeaux de moutons.

§ 18. — IMPORTANCE DES PLATEAUX.

Les plateaux ont d'ailleurs une importance considérable dans l'économie générale du globe. Ils arrêtent les vents ou changent leur direction; ils condensent les nuages poussés par ces vents, recueillent leur humidité, leurs eaux, les gardent dans leurs réservoirs ou permettent aux ruisseaux, aux rivières qui s'y forment de descendre par leurs pentes dans les plaines, au lieu de s'étendre en marécages stériles et insalubres.

On a remarqué que la hauteur des plateaux croissait avec leur proximité de la zone torride. Aussi, grâce à ces plateaux, le nord est en quelque sorte rapproché du midi; l'Espagne, la Turquie dans l'Europe méridionale, l'Asie Mineure à l'O. de l'Asie, jouissent, sur les différents points de leur surface, de toutes les variétés des climats tempérés. Dans les régions intertropicales, les plateaux transportent même le climat tempéré dans la zone torride; pour ne donner que quelques exemples remarquables, au cœur même de l'Afrique, dans les plateaux qui renferment les grands lacs d'où sortent les sources du Nil, la chaleur est modérée, la terre fertile, et il y a place à de vastes cultures et à une heureuse colonisation; — le plateau de Quito, dans l'Amérique du Sud, est sous l'équateur entouré des sommets neigeux de grandes montagnes (Pichincha, Chimboraço, Antisana); là, à une altitude de 2,900 mètres est située la ville florissante de Quito qui jouit d'un printemps perpétuel; — la capitale du Mexique, Mexico, dans l'Amérique du Nord, est à 2,275 mètres d'élévation. C'est sur ces plateaux et sur celui du Pérou, que les Espagnols, à leur arrivée en Amérique, trouvèrent chez les Indiens la civilisation la plus avancée. C'est sur les plateaux en Amérique, en Afrique, en Asie, que vivent surtout les populations qui fuient les plaines basses où la chaleur est énervante, où l'air est souvent empesté par les émanations des eaux stagnantes sous un soleil ardent.

§ 19. — LES MONTAGNES. — CHAÎNE, CONTRE-FORTS; SYSTÈME DE MONTAGNES. — BASE, FLANC, FAÎTE D'UNE MONTAGNE.

Les hauteurs qui ne dépassent pas 650 à 700 mètres s'appellent *collines*, *monticules*, *tertres*, *buttes*, selon leur importance, *mornes* dans les régions intertropicales.

Les hauteurs plus considérables sont les *montagnes*, qu'on range en plusieurs classes, suivant leur élévation. Les montagnes sont quelquefois isolées, se dres-

sant au milieu d'une plaine ou d'un plateau. Mais le plus souvent elles sont réunies, au moins par leurs bases, d'une manière plus ou moins régulière. Elles forment alors une *chaîne*; les Espagnols donnent à une chaîne le nom de *sierra* (scie), parce qu'elle est en effet dentelée par ses sommets, comme une scie; les Portugais disent *serra*; en Amérique, on appelle *cordillère* (corde à nœuds) la grande et longue chaîne des Andes. — De la chaîne se détachent habituellement des *ramifications* ou *chaînons*, qu'on nomme *contre-forts*, quand ils sont plus ou moins perpendiculaires à la chaîne. L'ensemble d'une chaîne et de ses contre-forts forme un *système de montagnes*, comme le système des Alpes, le système des Pyrénées. On appelle *nœud* le point de jonction de deux ou plusieurs chaînes.

Le *pied* ou la *base* d'une montagne est la partie où la montagne commence à s'élever dans la plaine ou sur le plateau; les *flancs, pentes, revers, versants* sont compris entre le pied et la partie la plus élevée de la montagne; on donne souvent le nom de *croupe* à l'extrémité la plus haute de la pente. Vient ensuite le *sommet*, le *faîte*, la *crête*, parfois l'*arête* de la montagne, la *cime*, le *point culminant*.

Les sommets d'une chaîne portent différents noms, suivant leurs formes : *pic, piton, dent, aiguille, corne*, lorsqu'ils se terminent en pointe; *table, cylindre*, lorsqu'ils forment comme une masse carrée; *ballon, dôme*, lorsqu'ils sont arrondis; *puy*, lorsqu'ils présentent une sorte d'excavation, d'entonnoir, etc., etc.

§ 20. — COLS, DÉFILÉS, GORGES. — ALTITUDE D'UNE MONTAGNE.

L'arête, en s'abaissant, présente des passages plus ou moins étroits, plus ou moins élevés, pour

Gorges de la Brenta, en Italie

franchir la chaîne ; on les nomme habituellement des *cols* ; quand ils sont resserrés et tortueux, ce sont des *défilés*, des *gorges* ; dans les Pyrénées on les appelle souvent *ports* ou passages ; dans d'autres régions, *pas*, *pertuis*, *portes* ou *pyles*, comme les Portes Caspiennes dans la chaîne du Caucase, et le fameux défilé des Thermopyles (parce qu'il y a des sources d'eau chaude près de ce défilé) en Grèce.

L'*altitude* d'une montagne est son élévation au-dessus du niveau de la mer, qui sur le globe peut être considéré comme partout le même. Ainsi l'altitude du mont Everest ou Gaurisankar, la plus haute montagne du globe, dans l'Himalàya, est de 8,840 mètres ou plus de 8 kilomètres 1/2 ; l'altitude du mont Blanc, dans les Alpes, le plus haut sommet de l'Europe, est de 4,810 mètres. Une montagne qui s'élève dans une plaine basse peut donc paraître plus haute qu'une montagne reposant sur un plateau, qui a déjà lui-même une altitude assez grande.

On a fait de nombreuses hypothèses sur l'origine des montagnes ; il est certain que les inégalités de l'écorce terrestre sont dues à des causes de différente nature ; mais l'opinion la plus générale et la plus probable attribue la formation des montagnes à des soulèvements successifs de cette écorce, dus à l'action des masses intérieures, qui seraient encore en fusion.

§ 21. — CHALEUR INTÉRIEURE DU GLOBE.

On a constaté que, en descendant dans le sein de la Terre, la chaleur augmente à raison d'un degré thernométrique pour un accroissement de 20 à 30 mètres dans la profondeur. Au fond des mines, des effluves le chaleur semblent révéler le voisinage de quelque brasier souterrain. Plusieurs savants ont même pensé que la croûte solide du globe n'avait que 50 kilomètres d'épaisseur, et qu'au delà se trouvaient des masses énormes de minéraux en fusion, sous une température extrême. — Les sources chaudes ou thermales, les sources artificielles, qu'on nomme puits artésiens (parce que depuis plusieurs siècles on a commencé à les creuser surtout dans la province française de l'Artois) semblent confirmer cette supposition. L'eau qui jaillit du puits de Grenelle, à Paris, profond de 547 mètres, a constamment une température de 28 degrés ; le puits artésien de Passy, profond de 586 mètres, fournit de l'eau à la même température. Les sources thermales nous montrent également que, à la profondeur d'où elles viennent, il règne une chaleur capable de les rendre très-chaudes. En France, les sources de Chaudes-Aigues et de Vic, dans le Cantal, ont à peu près la chaleur de l'eau bouillante. Dans l'Islande, grande île située au nord de l'océan Atlantique, ensevelie sous la neige pendant plusieurs mois, une fournaise ardente semble brûler sous terre, et par intervalle lance au milieu des glaces des torrents d'eau bouillante. Ces sources jaillissantes, qu'on appelle dans le pays des *Geysers*, sont au nombre d'une centaine dans un espace assez resserré ; dans le *Grand Geyser*, après une forte explosion, une colonne d'eau, large de 6 mètres, s'élance à 60 mètres de hauteur et retombe en averses brûlantes.

§ 22. — TREMBLEMENTS DE TERRE.

La supposition d'un feu intérieur sert à expliquer les tremblements de terre, la formation des volcans et même des chaînes de montagnes. — Des commotions brusques agitent pour ainsi dire continuellement tel ou tel point de la surface du globe; le plus souvent il n'y a qu'une faible ondulation, qu'une trépidation à peine sensible. Mais parfois les tremblements de terre ont été beaucoup plus forts et plus terribles ; celui du 1er novembre 1755 détruisit Lisbonne, la capitale florissante du Portugal, et beaucoup d'autres villes jusque dans le Maroc au nord de l'Afrique; ses effets se firent sentir jusqu'aux extrémités de l'Europe, jusqu'en Amérique. Les tremblements de terre de la Calabre, au S.-O. de l'Italie, en 1783, couvrirent de décombres une grande étendue de pays et firent périr plus de 80,000 personnes.

§ 23. — VOLCANS. — CRATÈRE. — VOLCANS ÉTEINTS PUYS DE L'AUVERGNE. — VOLCANS RÉCENTS.

Suivant une opinion assez généralement admise, les tremblements de terre désastreux seraient plus fréquents, sans les bouches volcaniques, véritables soupiraux de sûreté, qui donnent un passage libre aux vapeurs souterraines, aux forces explosives cherchant une issue. On appelle *volcan* une montagne qui vomit des gaz, de la boue, de l'eau, des laves, c'est-à-dire des matières minérales en fusion. L'orifice, en forme d'entonnoir, par lequel se fait l'éruption d'un volcan, se nomme *cratère*. Comme la plupart des volcans sont à peu de distance de la mer, on a supposé que leurs éruptions avaient pour cause principale l'infiltration des eaux marines à l'intérieur de la terre, et la transformation de ces eaux en vapeur, lorsqu'elles rencontrent des matières en combustion.

Les volcans qui n'exhalent que des gaz ou de la boue, s'appellent *solfatares* ou *salses*.

La hauteur d'un volcan est très-variable; quelques-uns ne s'élèvent que de quelques centaines de mètres

Cratère du Grand Geyser, en Islande.

au-dessus du niveau des mers; le Vésuve, près de Naples en Italie, a 1,198 mètres de hauteur; l'Etna en Sicile, qui offre une masse bien plus considérable, a 3,235 mètres; l'Antisana dans la chaîne des Andes de

l'Amérique du Sud, se dresse à 5,833 mètres d'élévation. L'étendue du cratère est également très-variable.
Les éruptions sont généralement d'autant plus rares
que les volcans sont plus élevés ; celui de l'île Strom-
boli, au N.-E. de la Sicile, qui n'a que 900 mètres, est
toujours en activité depuis un temps immémorial.
Dans les volcans de grande hauteur surtout, il arrive
fréquemment que la lave s'ouvre une voie nouvelle
sur les flancs ou au bas de la montagne.

Il y a des volcans, plus ou moins nombreux, dans
toutes les parties de la surface terrestre ; ils sont souvent rangés en ligne, « *comme les cheminées d'une
grande faille* (déchirure) » ; on les trouve surtout en
grand nombre autour de la partie des mers qu'on
nomme le Grand Océan, où ils forment comme une
sorte de *cercle de feu*.

Beaucoup de volcans sont éteints depuis longtemps ;
ces derniers sont pour la plupart dans l'intérieur des
terres. En Europe les volcans éteints se trouvent principalement dans la grande chaîne des monts Karpathes, dans plusieurs chaînes de l'Allemagne, dans les
monts d'Auvergne, au centre de la France. Là on voit
de nombreux monticules coniques, creusés d'une
vaste excavation en forme d'entonnoir ; on leur donne
le nom de *puys*. Tantôt le bord est comme brisé par
une large brèche ; tantôt un lac aux eaux limpides
ou de vertes prairies remplissent la conque de l'ancien volcan. Mais au-dessous d'une mince couche de
terre végétale on ne trouve qu'un amas de cendres
volcaniques, de roches vitrifiées ; on reconnaît l'ancienne coulée des laves du volcan dans ces traînées

de roches noires et rougeâtres, crevassées, d'aspect calciné, qui serpentent au loin jusque dans la plaine et que recouvrent à peine des touffes de mousse et de gazon.

Mais si beaucoup de volcans sont éteints, il peut encore se produire des volcans nouveaux, comme le Jorullo, qui s'éleva en 1759 dans une plaine du Mexique, après soixante jours de tremblement du sol. Sur une étendue d'un peu plus d'une demi-lieue carrée, le terrain se souleva peu à peu et forma une butte énorme de 170 mètres de hauteur, qui se couvrit elle-même de nombreuses buttes coniques de 2 à 3 mètres. Puis le dôme s'ouvrit, vomit de la fumée, des cendres, des pierres calcinées, et du gouffre surgirent six cônes volcaniques, parmi lesquels le volcan le Jorullo, dont la cime s'élève à 483 mètres au-dessus de la plaine. — Il y a des volcans jusqu'au fond de la mer, d'où ils ont fait parfois sortir des rochers et des îles de nouvelle formation. Ainsi, en 1831, dans le voisinage des côtes méridionales de Sicile, à environ 60 kilomètres, les eaux se mirent à bouillonner et à lancer des vapeurs épaisses ; puis on vit apparaître une haute colonne de fumée, illuminée par moments de subites lueurs ; enfin une île surgit du sein des flots, formant le bord d'un cratère de 600 à 700 mètres de tour. L'île continua à grandir ; elle eut bientôt 60 mètres de hauteur et une lieue de circonférence. Les phénomènes volcaniques cessèrent ; on put la visiter sans danger ; déjà les gouvernements de Naples et de l'Angleterre se disputaient la possession de l'*île Graham*, lorsqu'elle disparut, transformée en récifs.

§ 24. — FORMATION DIVERSE DES MONTAGNES. — COUCHES SÉDIMENTAIRES ; ROCHES ÉRUPTIVES. — MONTAGNES PAR PLISSEMENT DE TERRAIN. — MONTAGNES AU FAÎTE GRANITIQUE.

Une chaîne de montagnes peut se présenter sous deux aspects différents ; tantôt elle constitue un pli du sol assez régulier, avec une série de protubérances aux contours arrondis, et uniquement composé extérieurement par des assises ou couches sédimentaires, plus ou moins infléchies. On appelle *couches sédimentaires* ou *neptuniennes* celles qui se sont formées lentement à la surface de la terre avec les divers matériaux déposés par les eaux, dans les âges reculés de notre planète. Elles sont disposées en assises régulières ou *strates ;* elles renferment très-souvent des *fossiles*, c'est-à-dire les restes pétrifiés des animaux et des plantes qui ont vécu dans les eaux où s'est fait le dépôt de ces roches ; elles se composent en grande partie de calcaire. — Au contraire les *roches plutoniennes* ou *éruptives* ont surgi de l'intérieur du globe ; sont disposées en amas irréguliers ; ne renferment jamais de fossiles ; se composent de minéraux appelés silicates, granit, quartz, feldspath, mica, silice, agathe, cristal de roche, etc.

La chaîne du Jura, à l'E. de la France, sur la frontière de la Suisse ; la chaîne des monts Alléghanys, dans l'Amérique septentrionale, à l'E. des États-Unis, offrent des exemples remarquables de montagnes formées par voie de plissement. On dirait qu'une force supérieure a pressé cette partie de la surface terrestre, de manière à former des plis, à peu près parallèles, séparés entre eux par des dépressions plus ou moins larges, plus ou moins profondes.

Tantôt la chaîne de montagnes s'élève comme une sorte de bourrelet de roches sédimentaires, plus ou

Coupe du Jura Suisse.

moins rapprochées de la position verticale ; ce bourrelet est brisé dans le plus grand désordre dans le sens de la longueur de la chaîne et traversé de bas en haut par un massif de roches éruptives. Tel est le caractère de la grande chaîne des Alpes ou de la chaîne des Pyrénées entre la France et l'Espagne. Dans ces chaînes, les roches éruptives, comme le granit, occupent le faîte et la partie centrale ; les couches neptuniennes occupent la base et les flancs extérieurs.

§ 25. — AGE RELATIF DES MONTAGNES.

Ce fait a permis de calculer l'âge relatif des diver
ses chaînes de montagnes du globe ; car ces chaînes
ne sont pas contemporaines ; il y en a de plus récentes,
il y en a de plus vieilles, et l'on a remarqué que les
plus récentes sont en général les plus élevées. On a
constaté l'existence de plusieurs couches sédimentaires, qui se sont formées successivement et se sont su-
perposées les unes aux autres ; dans les âges les plus
reculés, les soulèvements les plus anciens n'ont pu
produire, en raison de l'épaisseur moindre alors de
la croûte terrestre, que des chaînes basses, formées
par les plus anciennes couches sédimentaires. Au contraire les chaînes postérieurement soulevées ont ga-
gné en hauteur et en étendue, et, plus elles sont récentes, plus elles renferment sur leurs flancs de couches plus ou moins redressées de terrains récemment
formés.

C'est ainsi que les montagnes purement granitiques
de la Bretagne française sont plus anciennes que les
montagnes du Morvan et du Jura ; le Jura n'a pas sur
sa croupe la couche de pierres ou de terrains neptu-
niens, qui se sont formés plus tard dans les mers pour
couvrir les Pyrénées, lorsque ce massif a surgi à son
tour ; et on ne retrouve pas dans cette dernière chaîne
les couches de sédiment dont les Alpes plus récentes
sont revêtues ; enfin la grande Cordillère des Andes
d'Amérique est partiellement plus jeune encore que la
chaîne des Alpes.

— 48 —

§ 26. — DIFFÉRENTES ESPÈCES DE VALLÉES. — THAL-
WEG. — CIRQUES. — COLS OU PORTS.

Les plateaux élevés et les montagnes sont les principaux réservoirs des eaux courantes, qui arrosent
les continents. Ces eaux, torrents, ruisseaux, rivières,
fleuves, coulent vers les parties basses des plaines,
par des rigoles d'arrosage, par des espèces de sillons,
qu'on appelle des *vallées*. Les unes, formées dans des
terrains friables, faciles à délayer, sont des *vallées
d'érosion*; elles sont les moins profondes et les moins
importantes. Les autres, formées par les fractures de
l'écorce terrestre, ont en général des escarpements
rapides, tourmentés, qui se correspondent symétri-
quement comme les parois d'une fente; ce sont des
vallées de déchirement; — ou bien leurs pentes sont
douces, comme celles qui séparent deux plis voisins
de terrain; ce sont des *vallées de plissement.*

Une vallée, qui sépare deux chaînes de montagnes
peu éloignées et presque parallèles, est une *vallée
longitudinale,* comme la vallée supérieure dans laquelle coule le Rhône (le Valais, canton de la Suisse),
entre les Alpes Pennines et les Alpes Bernoises. — La
vallée est *transversale,* lorsqu'elle est perpendiculaire
à la chaîne, comme la vallée supérieure de la Garonne
par rapport à la chaîne des Pyrénées. Les *vallons,* les
ravins, sont des vallées plus petites ou plus étroites.

De même que le faîte est la ligne qui rejoint les
deux versants d'une chaîne de montagnes, on appelle
thalweg (d'un mot allemand qui signifie chemin de la

vallée) la ligne qui occupe le fond de la vallée dans toute sa longueur. Le cours d'eau qui arrose une vallée en occupe toujours le thalweg.

Vallée de l'Aar, en Suisse.

Quelques vallées, surtout dans les hautes régions, sont entourées de montagnes plus ou moins élevées et ne communiquent avec les vallées voisines que par un défilé ou par une brèche ; tels sont les *cirques* des Pyrénées, comme ceux de Gavarnie, de Héas, etc. —

Deux vallées transversales peuvent se correspondre et se réunir au faîte de la chaîne, dans un endroit qui est plus ou moins abaissé. Cette sorte d'échancrure à la jonction des deux vallées opposées forme le *col*, le *port* de la montagne; là se trouvent le plus souvent les voies de communication d'un versant à l'autre versant. Il faut remarquer que les cols des Alpes sont en général à une hauteur moins grande que les ports des Pyrénées, et aussi plus faciles à franchir, parce que le massif des Alpes est souvent moins épais, moins haut que celui des Pyrénées, quoique les sommets des Alpes soient plus élevés que ceux de la chaîne pyrénéenne.

§ 27. — RÔLE HISTORIQUE DES PLAINES, DES PLATEAUX, DES MONTAGNES.

Au point de vue de l'histoire et de la civilisation, la configuration du sol a toujours eu une grande importance. Ainsi, pour ne donner que quelques exemples remarquables, les hauts plateaux de l'Asie centrale, avec leurs vastes surfaces plates, sans arbres, et seulement couvertes d'herbages, sont toujours restés dans leur isolement, et ont toujours été la patrie de populations nomades, aux mœurs grossières, aux usages primitifs. — Les habitants des plateaux de hauteur et d'étendue moindre ont eu en tout temps moins de peine à atteindre un état de civilisation comparativement supérieur, quoique encore médiocre. — Les basses terres, les plaines n'ont été, le plus souvent, peuplées que plus tard; mais l'abondance de leurs récoltes a commencé à y développer les richesses des populations qui les ont habitées, et qui s'y sont multipliées avec les progrès de la civilisation. — Dans les pays de collines accidentées et de montagnes de moyenne grandeur, la chasse, l'industrie forestière se sont naturellement développées ; l'exploitation des ressources minérales a été souvent une cause de richesses.

Enfin, pour terminer par un exemple frappant qui intéresse notre pays, la grande région de plaines et de collines peu élevées qui entoure Paris et qu'on appelle le *bassin de Paris*, creuse, fertile, riche, forme un contraste parfait avec la région qu'on nomme le *Plateau central*, large massif granitique, avec ses nombreux cratères éteints et ses vastes coulées de laves refroidies. La surface du plateau, accidentée, sillonnée de mille ruisseaux, coupée de vallées profondes, n'a généralement qu'un sol aride sur les hauteurs. De là tout converge, tout descend vers les plaines qui l'entourent, vers Lyon, Bordeaux, Toulouse et surtout vers Paris, la capitale prédestinée de la France ; tout s'éloigne des monts d'Auvergne et du Cantal, les hommes comme les eaux.

CHAPITRE III

Les eaux continentales. — Leur formation, les neiges, les
glaciers. — Cours d'eau: fleuves, rivières, ruisseaux;
définitions. — Les lacs.

———

**§ 28. — FORMATION DES EAUX QUI CIRCULENT SUR LES
CONTINENTS. — LES NEIGES DES MONTAGNES. — LES
NEIGES ÉTERNELLES; LEUR LIMITE.**

La surface des terres est généralement arrosée par
des eaux vives, qui vont porter partout la fécondité
et la vie. Ces eaux vives sont produites par l'évaporation constante des eaux de l'Océan sous l'influence
de la chaleur solaire; la vapeur d'eau s'élève, forme
des nuages, qui, poussés par les vents, vont s'abattre
en brouillard, en pluies, sur les terres.

Les pluies ont sans doute le grand avantage d'arro-
ser le sol et de développer sa fécondité. Mais si les
eaux descendaient toujours des nuages à l'état de
pluie, les terres n'auraient souvent que des torrents,
tour à tour à sec ou gonflés d'une eau limoneuse et
s'écoulant avec trop de rapidité. Si les vapeurs de
l'atmosphère imbibaient seulement le sol d'humidité,

il n'y aurait que des cours d'eau d'une importance
médiocre. Pour un cours d'eau considérable, qui ne
doit pas tarir pendant toute l'année, il faut les réservoirs intarissables qui se forment sur les hauts plateaux et dans les montagnes.

Les nuages, poussés par les vents, s'accumulent
autour des terres élevées, s'y condensent, s'insinuent
dans les fentes, entre les couches de rochers. Lorsque
l'élévation est assez grande, les nuages, les brouillards
humides se changent en neige; la neige est une sorte
de pluie solide, qui se garde, se fond graduellement,
pénètre dans l'intérieur des terres; le sol, comme
une éponge, se gonfle d'humidité, et forme des nappes
souterraines, qui s'épanchent lentement, mais continuellement.

À mesure qu'on s'élève, soit sur une montagne, soit
au moyen d'un ballon dans les airs, la température
se refroidit rapidement. Aussi, quand les nuages crè-
vent au-dessus des hautes montagnes, la pluie, même
en toute saison, tombe sous forme de neige, à cause
de la température qui est le plus souvent au-dessous
du point de congélation de l'eau. Dans nos climats
tempérés, la neige ne couvre les plaines que pendant quelques jours et fond rapidement; mais elle
blanchit les sommets de hauteur moyenne pendant
une partie de l'année, et les plus élevés la gardent
même en toute saison. Dans les pays chauds, la neige
ne tombe jamais ou tombe bien rarement sur les
plaines; mais les montagnes d'une altitude suffisante
ont de la neige sur leurs sommets, même dans les
régions de l'Équateur, qui reçoivent directement les

rayons du soleil. Il y a donc sur toute la surface du globe, dans toutes les zones, des pays où la neige dure plus ou moins longtemps, des pays même où elle dure pendant toute l'année. La limite à laquelle commencent les *neiges persistantes* ou *éternelles* est d'autant plus élevée qu'on se rapproche de l'Équateur.

Cette limite inférieure des neiges perpétuelles varie d'ailleurs suivant l'exposition, la nature des terres, etc. Elle est d'une centaine de mètres dans les régions les plus froides où l'on ait pénétré ; de 900 mètres en Islande ; de 2,700 mètres environ dans les Alpes et dans les Pyrénées ; de 4,800 mètres, vers l'Équateur.

§ 29. — COMMENT LES NEIGES NE S'ACCUMULENT PAS, MAIS SE FONDENT, SUR LES MONTAGNES.

L'épaisseur de la masse de neige (qui est peut-être de 60 mètres sur le mont Blanc) varie fort peu, quoiqu'il tombe chaque année dans les Alpes une couche de neige d'environ 18 mètres. Une partie de cette neige est fondue, dans les beaux jours, par l'action du soleil, ou emportée par les vents, ou précipitée en blocs énormes, en *avalanches*, dans les parties plus basses. Mais ce n'est que la partie la moins considérable de la masse des neiges qui disparaît ainsi. C'est par la base surtout que se liquéfient les neiges des pics élevés, par l'effet de la chaleur propre à la terre qui les porte ; une perpétuelle humidité pénètre dans l'intérieur des montagnes, forme des filets d'eau, qui vont plus loin sortir de leurs flancs ou de leur base, sous forme de sources, de ruisseaux, suivant les dispositions du terrain.

§ 30. — LES GLACIERS ET LEURS MORAINES ; LEUR IMPORTANCE.

Les berceaux des grands cours d'eau sont surtout les *glaciers,* destinés à transporter les neiges des hauteurs sous un climat plus chaud, sans compromettre les vallées et les plaines par une fusion précipitée. Les neiges, durcies par la pression, dans les hautes vallées, peu à peu converties en une sorte de glace qu'on appelle *névé,* constituent un glacier. Chaque vallée voisine des neiges éternelles possède le sien. Dans les Alpes seules, on en compte plus d'un millier ; leur longueur est parfois de 15 à 20 kilomètres et même plus ; leur largeur varie ; leur épaisseur est communément de 30 à 40 mètres, mais en quelques points elle atteint de 200 à 400 mètres. Leur aspect est des plus variés ; ici, c'est un miroir resplendissant ou une mer avec ses flots solidifiés et ses lourdes ondulations ; là, ce sont des cascades de glace, des arches, des obélisques, des sortes d'édifices de toute nature, ou bien des crevasses énormes qui pénètrent dans l'intérieur du glacier, et dans lesquelles vont se perdre des ruisseaux d'une eau vive et claire. A l'extrémité inférieure, le glacier se termine brusquement par un énorme talus, excavé à sa base en forme de caverne, précédé d'un amas confus de sable, de gravier, de pierres, de morceaux de rocher ; c'est ce qu'on nomme la *moraine frontale* du glacier. De la caverne s'échappe un torrent, dont les eaux sont le plus souvent boueuses, noirâtres ou vertes; c'est à travers la moraine que se

Glacier avec sa moraine.

fait jour le torrent. Sur chacun des flancs du glacier et dans toute sa longueur, il est bordé par une rangée de débris, sables, cailloux, quartiers de roche ; c'est ce qu'on nomme *moraines latérales*. — Les glaciers se meuvent ; ce sont des fleuves solidifiés qui avancent très-lentement dans la vallée, et polissent les roches qui les encaissent en les sillonnant profondément. Les glaciers sont poussés dans la vallée par l'inclinaison du sol et par la force expansive de la glace ; on a constaté, on a même calculé leur marche. Ils descendent bien au-dessous de la limite des neiges permanentes, quelques-uns jusqu'à 1,100 et même 1,000 mètres d'altitude, dans les Alpes. Mais enfin, arrivés à un certain point de la vallée, où la chaleur est assez forte pour les fondre, ils se terminent, comme nous l'avons vu, et deviennent des torrents, origines ou affluents d'un fleuve.

§ 31. — FLEUVES, RIVIÈRES, RUISSEAUX, TORRENTS, GAVES. — SOURCE D'UN COURS D'EAU ; LIT, RIVES ; RIVE DROITE, RIVE GAUCHE. — GUÉS. — AFFLUENTS.

L'infiltration des eaux pluviales et de l'humidité atmosphérique, les neiges, les glaciers, donnent naissance à des sources, à des ruisseaux qui se réunissent pour former les rivières et les fleuves. Les *fleuves* sont des cours d'eau considérables, qui se jettent dans la mer ; les *rivières* sont des cours d'eau moins étendus, qui se jettent directement dans la mer, ou des cours d'eau, même très-importants, qui finissent dans un fleuve, dont ils sont les *affluents* ; les *ruisseaux* sont des cours d'eau plus petits que les rivières. Il n'y a rien de tout à fait précis dans ces dénominations

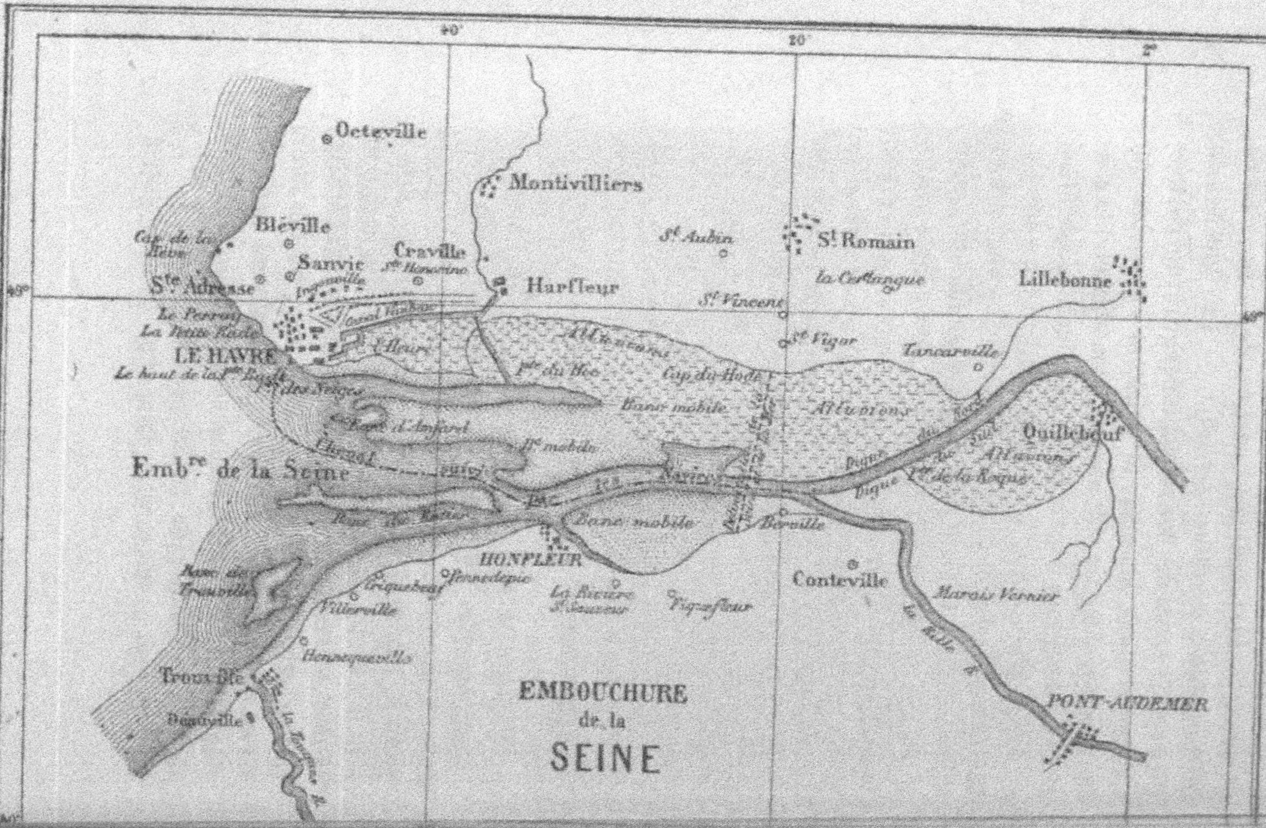

EMBOUCHURE
de la
SEINE

Octeville
Montivilliers
Bléville
Craville
St Aubin
St Romain
la Cerlangue
Lillebonne
Cap de la Hève
Sanvic
Ste Adresse
Harfleur
St Vincent
St Vigor
Tancarville
Le Perrey
La Petite Rade
LE HAVRE
Le haut de la Pte Rade
Pte des Neiges
Alluvions
Cap du Hode
Banc mobile
Quillebeuf
Embre de la Seine
Banc d'Amfard
Pte mobile
Canal
Navire
Digue
Pte de la Roque
Rose du Ratier
Berville
Conteville
Marais Vernier
Banc de Trouville
HONFLEUR
Pennedepie
La Rivière St Sauveur
Piquefleur
Fiquefleur
la Rille
Villerville
Honcaqueville
Trouville
Deauville
la Touques fl.
PONT-AUDEMER

car un gros ruisseau est une petite rivière ; car on
appelle tantôt fleuve, tantôt rivière un cours d'eau
d'une importance moyenne qui se jette directement
dans la mer. Lorsque les ruisseaux coulent rapidement dans un pays de montagnes, surtout après de
grandes pluies ou à la fonte des neiges, ce sont des
torrents ; dans les Pyrénées, on les nomme des *gaves*.

Rien n'est plus variable que la manière dont commence un cours d'eau. Tantôt la source prend naissance sous la masse d'un glacier, comme le Rhône dans
le glacier de la Furka, à l'ouest du massif du Saint-Gothard dans les Alpes ; — tantôt, déjà puissante, elle surgit au milieu de rochers, au fond d'une vallée ; — tantôt,
sortant d'un sol spongieux, elle s'épanche en minces
filets ; — parfois même la source est une véritable
rivière, qui s'est déjà formée au loin sous les couches
de la terre, et qui, trouvant une issue, débouche tout
à coup.

Le *lit* d'un cours d'eau est le sillon plus ou moins
rapide, qui conduit les eaux de la source jusqu'à l'embouchure. Les *rives*, lorsqu'elles sont en pente plate,
s'appellent *grèves* ; *talus*, lorsqu'elles sont en pente
douce ; *berges*, lorsqu'elles sont en pente raide ou droite.
La *rive droite* est la rive à la droite de celui qui descend
le courant ; la *rive gauche* est à sa gauche. En général,
dans les parties sinueuses d'un cours d'eau de quelque importance, les talus occupent les angles saillants,
et les berges les angles rentrants ; les plus grandes
profondeurs sont au pied des rives escarpées ; aussi
les *gués*, c'est-à-dire les endroits où les rivières peu-

Cascade au Brésil.

vent être passées à pied, sont-ils presque toujours dans les parties droites.

§ 32. — CONFLUENT. — CHUTES, CASCADES, CATARACTES, RAPIDES, BRISANTS.

Le *confluent* est l'endroit où deux cours d'eau se réunissent.

Les rivières, « ces chemins qui marchent », sont *flottables*, quand elles ne peuvent porter que des radeaux à cause de leur peu de profondeur ; elles sont *navigables*, quand elles peuvent au moins porter des bateaux.

Lorsque le lit d'un cours d'eau change brusquement de niveau, il forme une *chute* ; quand c'est un petit cours d'eau, on lui donne habituellement le nom de *cascade* ; il y a des cascades de 300 mètres de hauteur dans la Scandinavie ; la cascade, qui tombe dans le cirque de Gavarnie, est l'une des merveilles des Pyrénées. — Quand c'est un grand cours d'eau qui se précipite, la chute se nomme *cataracte* ; l'une des cataractes les plus célèbres est celle du Niagara dans l'Amérique du Nord : c'est moins un fleuve qu'une mer qui se précipite par deux branches énormes, d'une hauteur de 50 mètres, laissant écouler avec un immense fracas 250,000 hectolitres d'eau par seconde. On nomme *rapides*, *sauts*, *brisants*, les chutes moins considérables ; les fameuses cataractes du Nil, le grand fleuve de l'Égypte, ne sont en réalité que des rapides.

Il y a des cours d'eau qui se perdent sous terre,

pour reparaître plus loin, comme le Rhône, la Meuse en France, le Guadiana en Espagne, etc. D'autres disparaissent pour toujours dans les profondeurs du sol, comme plusieurs rivières de l'Afrique.

§ 33. — EMBOUCHURE D'UN FLEUVE ; DELTAS. — DELTA DU RHÔNE ; LA CAMARGUE.

Beaucoup de rivières, de fleuves surtout, charrient des débris de toute sorte, des pierres, des graviers, des sables, de manière à former des bancs de sable, qui souvent gênent la navigation, et même des îles. Un fleuve finit dans la mer par une ouverture plus ou moins large, qu'on appelle *embouchure*. C'est surtout là que les atterrissements s'accumulent et divisent le fleuve en plusieurs branches ; ces atterrissements ont en général la forme d'un triangle ; de là le nom de *deltas* qu'on leur donne, à cause de leurs ressemblance avec la lettre grecque Δ. C'est surtout dans les mers qui ont point ou peu de marée qu'on les rencontre ; ainsi le Nil en Égypte, le Danube en Turquie, le Pô en Italie, le Rhône en France, qui finissent par plusieurs bouches. Le Delta du Rhône s'appelle la Camargue ; c'est une plaine triangulaire de plus de 150,000 hectares, terrain indécis que se disputent l'eau douce et l'eau salée, les alluvions du fleuve et les sables de la plage ; les terres cultivées, longeant les deux bras du Rhône, sont sans cesse fécondées par les limons annuels du fleuve ; puis viennent les pâturages, qui nourrissent des taureaux sauvages, noirs et trapus, et de petits chevaux, vifs, ombrageux et blancs ;

enfin à l'intérieur sont les étangs, dont le principal est celui de Valcarès, couverts d'une multitude d'oiseaux aquatiques.

La quantité de matières terreuses charriée par certains fleuves est énorme. Le Gange, le fleuve sacré des Hindous, jette annuellement à la mer une masse de limon pesant 356 millions de tonnes ; le Yang-tse-kiang, le plus grand fleuve de la Chine, entraîne trois fois plus de matériaux que le Gange ; les atterrissements du Pô et de l'Adige empiètent chaque année de 70 mètres sur la mer Adriatique.

§ 34. — ESTUAIRE D'UN FLEUVE. — BARRE D'EAU, MAS-CARET. — EMPLACEMENT DES PORTS.

La plupart des fleuves, tributaires des mers où règnent de fortes marées, ne finissent pas de la même façon. Chaque jour en effet l'embouchure est balayée par le flux et le reflux ; elle s'élargit et forme une sorte de golfe allongé, qu'on appelle *estuaire*. Telles sont les embouchures de la Seine, de la Loire, de la Gironde, en France ; des deux grands fleuves de l'Amérique méridionale, le Rio de la Plata et le fleuve des Amazones. Mais il arrive alors que des barres de sable se forment à l'issue même de l'embouchure et menacent la navigation du fleuve. D'autres fois, la mer, refoulant l'eau du fleuve, produit une *barre d'eau* qui se précipite comme une sorte de montagne aquatique, en remontant rapidement le lit du fleuve ; c'est ce qu'on nomme *mascaret* dans la Seine et la Gironde ; c'est le terrible *pororoca* de l'Amazone.

Cette disposition des fleuves à delta et des fleuves à estuaire explique la diversité de l'établissement des grands ports. Pour les premiers, les ports ne sont pas sur le fleuve lui-même, mais à quelque distance ; Alexandrie est à l'O. du Nil ; Venise, au N. du Pô ; Marseille, à l'E. du Rhône. Pour les seconds, les ports ne sont pas généralement à l'embouchure même du fleuve, mais le plus souvent, en le remontant, à l'endroit où se fait encore sentir la marée : Rouen, qui était le port de la Seine avant le Havre, et qui tend à le redevenir ; Nantes, à 64 kilomètres de l'embouchure de la Loire ; Bordeaux, sur la Garonne ; Londres, sur la Tamise, à 88 kilomètres de la mer ; Hambourg, le grand port de l'Allemagne, sur l'Elbe.

§ 35. — BASSIN D'UN COURS D'EAU. — VERSANT, BASSIN D'UNE MER. — CEINTURE D'UN BASSIN.

Le *bassin* d'un cours d'eau est tout le pays arrosé par ce cours d'eau et par ses affluents ; les *grands bassins* sont ceux des fleuves ; les *bassins côtiers* sont ceux des rivières moins importantes qui se jettent dans la mer.

Le *versant* d'une mer est la surface inclinée vers cette mer, qui renferme les bassins de tous les fleuves et de toutes les rivières, ses tributaires.

Le *bassin* d'une mer est l'ensemble de tous les versants dont les eaux se jettent dans cette mer.

Le bassin d'un fleuve, d'une rivière, d'un ruisseau, est entouré d'une *ceinture* de hauteurs qui déterminent le cours des eaux ; cette ceinture n'est ouverte qu'à l'endroit où se trouve soit l'embouchure du fleuve, soit le confluent de la rivière. — Les lignes de hauteurs qui déterminent la pente des eaux, en sens opposés, vers des mers différentes, s'appellent *lignes de faîte, lignes de partage des eaux*. Elles sont généralement formées par des montagnes et par des collines; mais parfois il n'y a que des plateaux peu élevés, de faibles ondulations de terrain; quelquefois même la séparation des eaux est à peine marquée; des rivières de versants différents peuvent communiquer entre elles, surtout pendant les hautes eaux; ou bien des marécages forment la limite presque indécise des deux versants. C'est ce que l'on voit assez fréquemment dans les vastes plaines de la Russie en Europe et des deux Amériques.

§ 36. — CANAUX.

Les hommes, suivant les indications données par la nature, ont creusé des rivières artificielles ou *canaux*, qui doivent réunir les cours d'eau de deux bassins différents, ou qui suppléent aux défauts de navigation que présente un cours d'eau, chutes ou rapides, sinuosités trop grandes, bancs de sable, profondeur insuffisante. Un canal est généralement composé d'une série de bassins ou *biefs* presque horizontaux, qui forment comme les gigantesques marches d'un vaste escalier. Ces biefs communiquent entre eux par des écluses qui s'ouvrent pour permettre la navigation, soit à la descente, soit à la remonte. Le bief qui se trouve sur la ligne de faîte séparant les

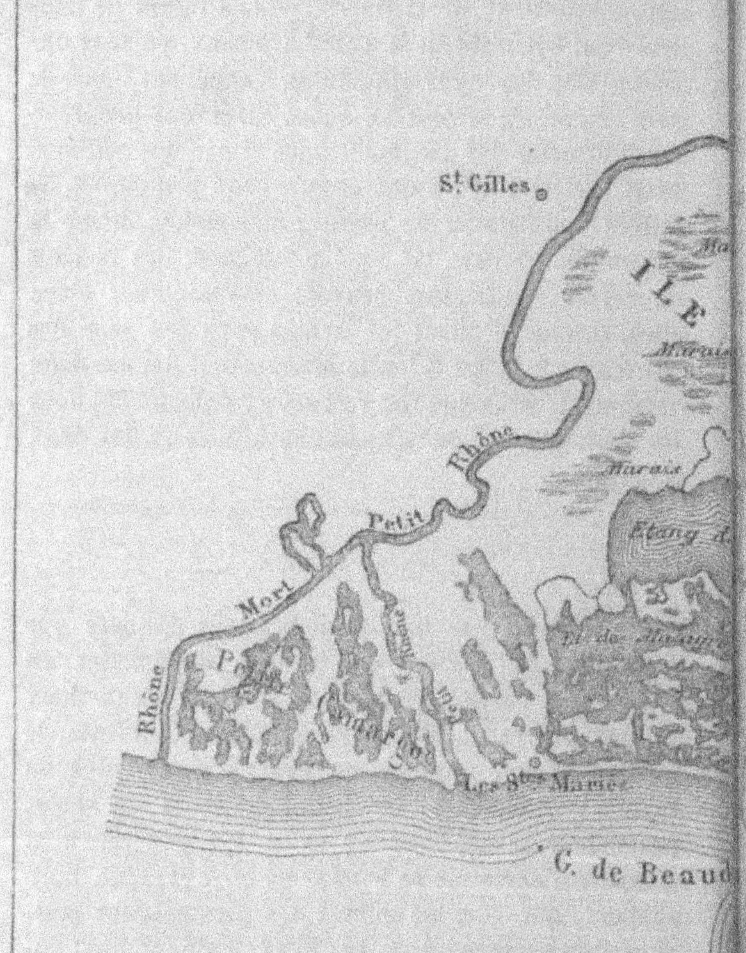

St. Gilles
ILE
Marais
Marais
Marais
Rhône
Petit
Etang d.
Mort
Rhône
Et. de
Rhône
Les Stes Maries
G. de Beaud
Gravé par A. Martin, R. St Jacques 179

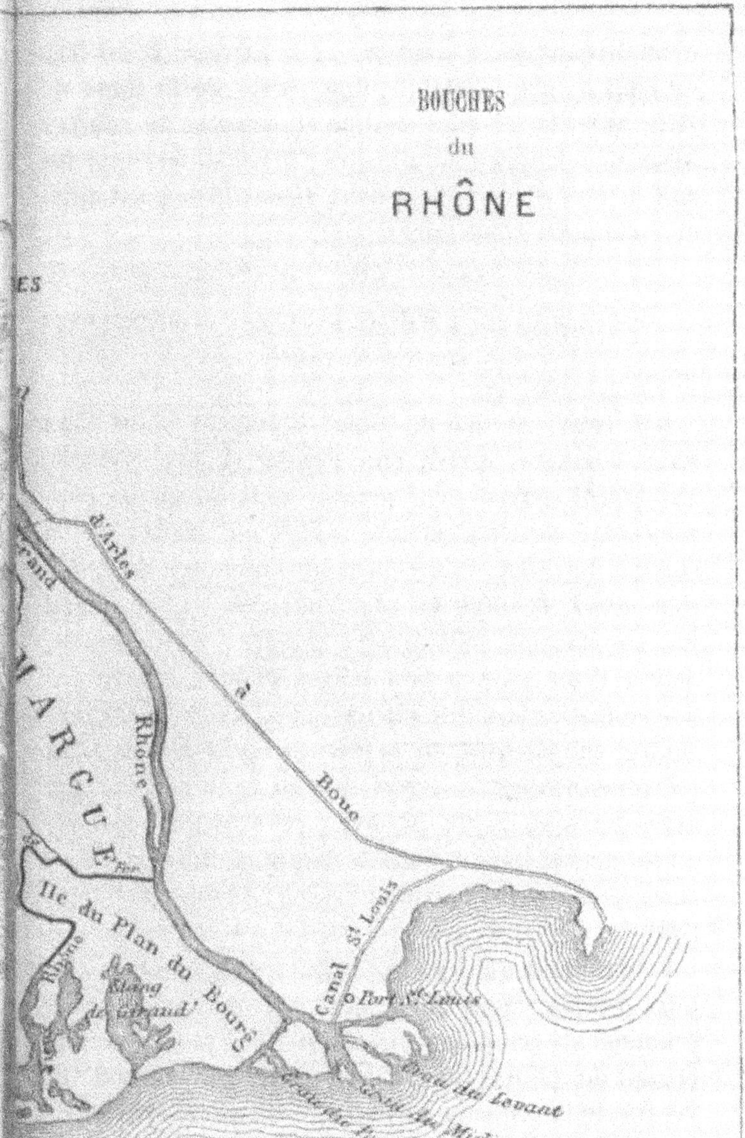

BOUCHES
du
RHÔNE
d'Arles
Grand
CAMARGUE
Rhône
à
Bouc
par
Ile du Plan du bourg
Petit Rhône
Canal St Louis
Étang de Grand'
Port St Louis
Eau du Levant
Grand du Ponent
Eau du Midi

deux bassins se nomme le *bief de partage*. Il est bon de choisir, pour l'établir, une partie de la ligne de faîte aussi basse que possible et pourvue de sources assez abondantes pour alimenter le canal. Le canal qui suit la rive d'une rivière dont la navigation est difficile s'appelle *canal latéral*.

§ 37. — LACS, ÉTANGS, MARAIS, LAGUNES. — DIFFÉRENTES SORTES DE LACS.

Les eaux, au lieu de couler librement entre deux rives, comme il arrive aux fleuves et aux rivières, s'amassent souvent, en quantité plus ou moins considérable, dans les parties basses ou cavités de la surface terrestre. Elles forment alors des *lacs*, qui sont assez étendus et profonds; des *étangs*, quand les proportions sont moins grandes; des *marais*, quand l'eau est peu profonde et qu'on y trouve des joncs, des herbes, des plantes aquatiques. — On rencontre, sur les bords de la mer, des étangs, dont l'eau est généralement salée, et qui en sont séparés par des bandes de terre étroites; ce sont des *lagunes*; on les appele *limans* dans la Russie méridionale, *haff* ou *haffe* sur les côtes de la Prusse; *sounds* aux États-Unis.

Remarquons qu'il y a plusieurs espèces de lacs : les uns, complétement isolés, sans sources visibles, sans écoulement, remplissent souvent des cratères éteints et sont de petites dimensions, comme les lacs d'Auvergne, le lac Albano en Italie; — d'autres, sans recevoir d'eaux courantes, ont cependant un écoulement;

ls sont alimentés par des infiltrations, des sources qui
e font jour dans leur bassin même ; tels sont les

Lac de Côme en Italie.

rands lacs de l'Amérique du Nord, qui communiquent

les uns aux autres, forment la chute du Niagara
et s'écoulent par un grand fleuve, le Saint-Laurent ; —
d'autres reçoivent et émettent des eaux courantes ; ce
sont de vastes dilatations des fleuves ; tels sont les lacs
de Genève, formé par le Rhône, de Constance, formé
par le Rhin ; ce sont les plus nombreux et les plus
variés d'aspect ; — enfin, il y a des lacs, qui reçoivent
des eaux vives et ne les déversent par aucun cours
d'eau apparent ; l'évaporation leur enlève une quantité
d'eau équivalente à celle qu'amènent leurs affluents.
Quelques-uns de ces lacs sont salés, et prennent, quand
leur étendue est considérable, le nom de mers intérieures. Telles sont, parmi les plus célèbres, la mer
Caspienne, la mer d'Aral et la mer Morte.

§ 38. — LA MER CASPIENNE ; — LA MER D'ARAL ; — LA
MER MORTE.

La *mer Caspienne* au S.-E. de la Russie, sur les
confins de l'Europe et de l'Asie, est dans un énorme
affaissement du sol terrestre. Son niveau est en effet
à 40 mètres plus bas que le niveau des mers les
plus voisines, et son étendue très-considérable, puisqu'elle a 1,200 kilomètres du N. au S., sur une largeur moyenne de 325 kilomètres.

La *mer d'Aral*, située plus à l'E., dans le Turkestan
asiatique, faisait jadis partie probablement de la mer
Caspienne et en aurait été séparée par le soulèvement
du plateau dénudé d'Oust-Ourt. Quoiqu'elle reçoive
deux fleuves considérables, quoiqu'elle soit bien plus
grande que tous nos lacs d'Europe, c'est plutôt un

vaste marécage, peu profond, bordé dans beaucoup
d'endroits de roseaux, hauts de 6 à 7 mètres. — La
mer Morte ou lac Asphaltite est au S.-E. de la Palestine, dans l'une des cavités les plus profondes du
globe, puisque son niveau est à 393 mètres au-dessous
de la mer. La mer Morte a 80 kilomètres de longueur sur
20 à 24 de largeur. Les rochers qui l'environnent sont
nus; ses eaux, lourdes et épaisses, contiennent beaucoup d'asphalte, de bitume; elles nourrissent à peine
quelques êtres et les plantes aquatiques ne peuvent
y germer. C'est dans la mer Morte, au N., que se jette
le Jourdain, ce torrent si célèbre dans l'histoire sacrée.

CHAPITRE IV

L'Océan, les mers, leurs différentes parties. — Les côtes. — Les marées. — Les cinq Océans. — Les vents. — Les courants : le Gulf-Stream.

———

§ 39. — L'OCÉAN, LES MERS. — GOLFES, BAIES, RADES, PORTS. — DÉTROITS.

L'OCÉAN enveloppe les terres et couvre les trois quarts de la surface du globe. Il se compose lui-même de cinq grandes parties qui communiquent entre elles et qui portent également le nom d'Océans.

Les parties des océans qui pénètrent plus ou moins dans l'intérieur des terres sont les *mers* proprement dites ; on les appelle *mers intérieures*, quand elles ne communiquent avec d'autres mers que par d'étroits passages, comme la Méditerranée (au milieu des terres), entre l'Europe, l'Asie et l'Afrique ; et la mer Baltique, au N. de l'Europe.

On nomme quelquefois *manches* les parties de mer qui, d'un côté, communiquent avec une autre mer par une ouverture assez large ; et de l'autre, vont sans cesse en se rétrécissant, comme la *mer de la Manche*, située entre la France et l'Angleterre.

Les *golfes*, *baies*, *anses*, *rades*, sont des parties moins considérables de la mer qui s'avancent dans l'intérieur des terres : mais l'usage n'est pas très-rigoureux : car il y a des golfes, comme le golfe du Bengale, au S. de l'Asie, qui sont plus vastes que certaines mers, et des baies, comme la baie d'Hudson, au N. de l'Amérique septentrionale, qui sont plus vastes que certains golfes. Sur les côtes découpées des pays Scandinaves, surtout sur les côtes de Norvége, on donne le nom de *fiords* à des baies longues et étroites, qui pénètrent souvent très-profondément dans les terres.

La rade offre un abri aux vaisseaux contre les vents; elle précède ordinairement le *port*, espace plus resserré, presque toujours creusé ou approprié par la main des hommes pour recevoir les navires en toute sécurité.

Un *détroit* est un bras de mer resserré entre deux terres, et unissant deux mers ou deux parties de mer. On emploie encore les mots *canal*, *pas*, *bouches*, *pertuis*, *phare*, etc.

§ 40. — ILES, GROUPE, ARCHIPEL ; DIFFÉRENTES ESPÈCES D'ILES. — ÉCUEILS, RÉCIFS. — BANCS DE SABLE.

Les mers, qui entourent les vastes continents, enveloppent encore des terres moins étendues qu'on appelle des *îles*. Elles sont de toute grandeur.

Quelques-uns regardent l'Australie comme la plus grande des îles d'autres îles ont une étendue considérable et présentent en petit les mêmes particularités de configuration que les continents, comme la Nouvelle-Guinée, Bornéo, Sumatra dans l'Océanie; Madagascar à l'E. de l'Afrique; Niphon, l'île principale de l'empire Japonais, à l'E. de l'Asie; Cuba, entre les deux Amériques; la Grande-Bretagne, au N.-O. de l'Europe.

Une réunion d'îles s'appelle *groupe*; quand elles couvrent une étendue de mer assez considérable, c'est un *archipel*. Certaines îles sont des parties détachées des continents voisins; d'autres paraissent être les restes de continents submergés; quelques-unes ont été produites par des soulèvements volcaniques; enfin plusieurs, surtout dans les mers intertropicales, ont été formées et se forment encore par le travail incessant de myriades d'animalcules marins, qu'on appelle polypes; ce sont les *îles madréporiques*. — Les *écueils*, *récifs* ou *brisants* sont des rochers qui s'élèvent au-dessus de l'eau ou sont un peu au-dessous de la surface. Dans presque toutes les mers on trouve des parties de terre plus ou moins étendues, qui sont près de la surface des eaux et qu'on nomme *bas-fonds*. Lorsque ces bas-fonds sont formés par des sables accumulés, on les appelle *bancs de sable*; c'est là que généralement les poissons se réunissent de préférence, et plusieurs ont une vaste étendue, comme le *banc de Terre-Neuve*, à l'E. de l'Amérique septentrionale, célèbre par la pêche des morues.

§ 41. — PRESQU'ÎLE OU PÉNINSULE. — ISTHME. — CAP. — CÔTES DE DIFFÉRENTE NATURE. — MARÉES.

Une *presqu'île* ou *péninsule* est une portion de terre environnée d'eaux presque de toutes parts et ne tenant au continent que d'un seul côté. On réserve habituellement le nom de péninsules aux presqu'îles d'une superficie considérable, qui se rattachent au continent par une étendue de terre assez large, comme la péninsule Ibérique ou Hispanique, au S.-O. de l'Europe, la péninsule Arabique, au S.-O. de l'Asie. — L'*isthme* est la portion de terre, généralement étroite, qui joint une presqu'île au continent, ou qui, resserrée entre deux mers, unit deux parties de terre plus étendues, comme l'isthme célèbre de Panama entre les deux Amériques.

L'extrémité d'une terre qui s'avance dans la mer se nomme *cap*, *promontoire*, *pointe*, comme le cap de Bonne-Espérance au S. de l'Afrique.

Les *côtes*, les *rivages* ou le *littoral* sont les parties des terres baignées par la mer ; les côtes sont de différentes natures ; quand elles sont basses, on les appelle *plages* ou *grèves* ; quand elles sont droites et escarpées, *falaises* ; quand elles sont bordées de monticules de sable, *dunes*.

La surface des mers est sans cesse agitée par les vents, qui produisent des *ondes*, des *vagues*, des *lames*, des *flots*, suivant leur intensité ; mais la profondeur des eaux, après 30 ou 40 mètres, n'en paraît pas affectée, même dans les plus grandes tempêtes. Il y a de plus des *courants*, qui circulent régulièrement dans l'étendue des mers. Enfin l'un des mouvements les plus curieux des eaux de l'Océan est celui des *marées*; elles sont produites par l'attraction de la Lune et du Soleil. Deux fois par jour, les eaux s'élèvent et deux fois elles s'abaissent; dans le premier cas, c'est la *marée montante* ou le *flux*; dans le second, la *marée descendante* ou le *reflux*. Bien des circonstances locales exercent une grande influence sur la hauteur des marées; ainsi, elles sont peu sensibles en pleine mer, dans chaque Océan Glacial et sur les côtes des îles situées au milieu des océans; elles sont au-contraire très-fortes dans certaines parties resserrées de la mer, comme dans la Manche et surtout dans le golfe de Saint-Malo. Dans les mers intérieures, comme la Méditerranée, la mer Baltique, elles sont également peu sensibles.

§ 42. — LES OCÉANS.

La surface du globe se divise en deux grandes parties : l'*océan* ou la *mer*, comprenant toutes les mers, les golfes, les détroits, etc.; — et la *terre*, comprenant les continents et les îles.

Les eaux couvrent environ les trois quarts de cette surface; si l'on admet qu'elle est de 510 millions de kilomètres carrés, les continents et les îles occupent environ 130 millions de kilomètres carrés; les eaux 380 millions. Les terres et les mers ne sont pas également réparties sur toute la surface; la superficie des terres est beaucoup plus considérable dans l'hémisphère boréal que dans l'hémisphère austral.

§ 43. — L'OCÉAN GLACIAL ARCTIQUE. — L'OCÉAN GLACIAL ANTARCTIQUE.

L'OCÉAN se divise en cinq grandes parties, qui portent le nom d'océans et qui communiquent entre elles : *l'Océan Glacial arctique* entoure le pôle Nord jusqu'à la limite du cercle polaire arctique; il s'étend au N. de l'ancien et du nouveau continent. Il forme la mer Blanche au N. de l'Europe; la mer de Kara, la mer de Sibérie, au N. de l'Asie; la mer Polaire, la mer de Baffin et la mer d'Hudson, au N. de l'Amérique. Il est presque partout recouvert d'amas immenses de glaces, et on n'a pu jusqu'ici pénétrer que jusqu'au 83° de lat. N. Au delà du cercle polaire, il y a des jours de plus de 24 heures; au 80° le soleil reste sur l'horizon pendant 134 jours, et au-dessous pendant 127 jours; la triste obscurité de la nuit n'est dissipée que par la lumière crépusculaire ou par les brillantes lueurs des aurores boréales. On trouve dans ces contrées désolées des oies, des canards, des pluviers, mais surtout des animaux qui fournissent de l'huile : phoques, morses, narvals, baleines de 20 à 25 mètres de long, ours blancs.

L'*Océan Glacial antarctique* entoure le pôle Sud jusqu'à la limite du cercle polaire antarctique. Il est encore moins connu que le précédent; le froid y paraît plus intense; les glaces s'avancent beaucoup plus vers l'Équateur; on a peu dépassé le 78° de lat. S., et on a cru entrevoir les bords d'une sorte de continent glacé, qui entourerait le pôle.

§ 44. — L'OCÉAN ATLANTIQUE. — LE GRAND OCÉAN. — L'OCÉAN INDIEN.

L'*Océan Atlantique* s'étend du N. au S. entre les deux cercles polaires; c'est comme un fleuve immense entre l'Europe et l'Afrique à l'E., les deux Amériques à l'O. C'est l'océan le plus fréquenté depuis la fin du XVᵉ siècle. Les rivages de l'Atlantique, qui se correspondent, sont très-découpés dans sa partie septentrionale, et il forme sur les côtes d'Europe deux mers intérieures, la mer du Nord, réunie à la Baltique, et la Méditerranée; sur les côtes de l'Amérique, le golfe du Saint-Laurent, le golfe du Mexique et la mer des Antilles.

Le Grand Océan s'étend également entre les deux cercles polaires, entre l'Asie à l'O., et l'Amérique à l'E. Il renferme la plupart des îles de l'Océanie. Presque fermé au N., il communique avec l'Océan Glacial arctique par la mer de Behring et le faible détroit de Behring, qui sépare l'Asie de l'Amérique; il s'élargit ensuite de plus en plus, et, très-ouvert au S., il confond ses eaux avec celles de l'Océan Glacial antarctique et de l'Océan Indien. Il forme sur les côtes orientales de l'Asie la mer d'Okhotsk, la mer du Japon, la mer Jaune, la mer de la Chine. Ses côtes sont généralement élevées, entourées de hautes montagnes, qui laissent peu de place entre elles et la mer; il reçoit peu de grands fleuves.

Son immense bassin est partagé par la longue « voie

PÔLE SUD
et Océan Glacial Antarctique

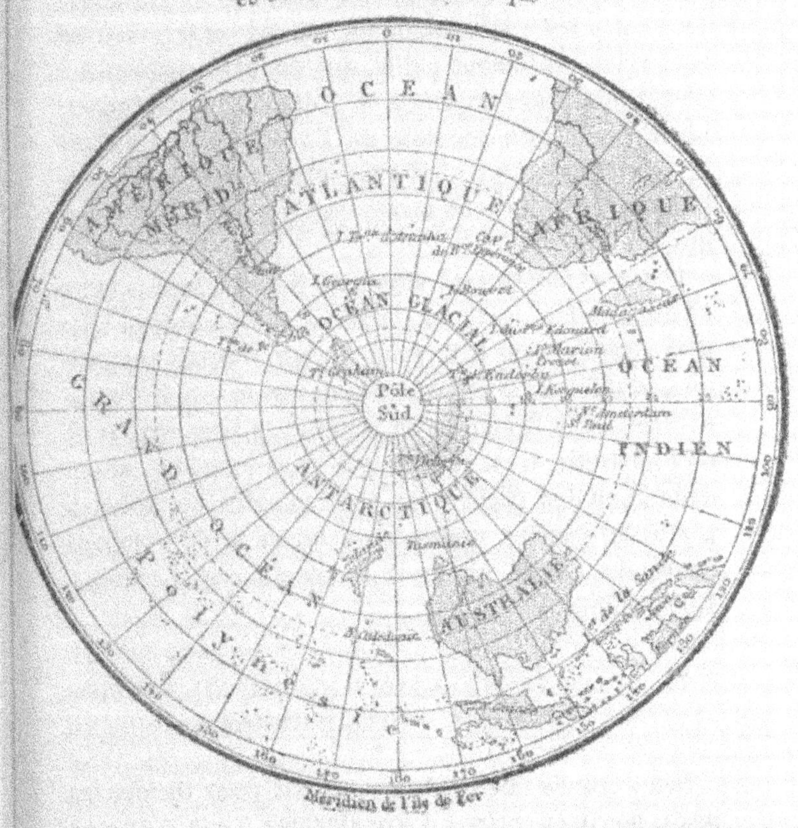

lactée des petites îles de l'Océanie » en deux bassins presque distincts, qui ont leurs eaux particulières, leurs vents, leurs courants. Il est en général très-profond et cependant renferme beaucoup d'écueils dangereux. C'est dans ses parties les moins profondes, surtout entre les tropiques, qu'on voit les *madrépores*, ces zoophytes infiniment petits, qui donnent naissance à d'énormes bancs de corail et à des îles nombreuses; ainsi, sur la côte orientale de l'Australie, il y a dans la *mer de Corail* un récif dangereux, long de 600 kilomètres, uniquement formé par ce travail incessant des madrépores.

L'*Océan Indien* est situé au S. de l'Asie, entre l'Afrique à l'O., les îles de la Sonde et l'Australie à l'E.; il se confond vers le S. avec l'Océan Glacial antarctique, et s'unit à l'Océan Atlantique vers le cap de Bonne-Espérance, au Grand Océan vers le cap Leeuwin, au S. de l'Australie. C'est comme une cuve immense, située dans l'une des parties les plus chaudes du globe; il n'y a de grandes profondeurs qu'au S. de l'embouchure du Gange, où le trou appelé *great swatch* a 4,000 mètres.

§ 45. — LES VENTS. — LES VENTS ALIZÉS; LES CONTRE-ALIZÉS. — LES MOUSSONS.

Deux grands phénomènes, qui ont pour théâtre les mers, méritent surtout d'être signalés, à cause de leur influence générale sur les conditions d'existence de notre planète : *les vents* et *les courants*.

L'atmosphère, masse gazeuse qui entoure la terre

d'une enveloppe sphérique d'environ 50 à 60 kilomètres d'épaisseur, est sans cesse agitée par les vents, c'est-à-dire par le déplacement plus ou moins rapide des molécules de l'air. Ces vents transportent continuellement dans toutes les parties du globe la vapeur d'eau, produite, sous forme de brouillards, de rosée, de nuages, par l'évaporation des eaux. On ne connaît pas encore toutes les causes variées des courants aériens, mais on a constaté les lois principales des vents, qui soufflent habituellement dans la même direction, surtout sur la surface des mers, ou *vents constants, vents réguliers.*

Les courants aériens sont dus surtout à l'opposition des températures qui dilatent ou condensent alternativement les molécules d'air et les molécules de vapeur d'eau que contient l'atmosphère. — A l'Équateur, la chaleur dilatant sans cesse la masse d'air qui y est accumulée, l'air froid des pôles est sans cesse entraîné vers l'Équateur pour combler le vide, allant ainsi du N. au S. dans l'hémisphère boréal, du S. au N. dans l'hémisphère austral. A cause de la rotation de la terre d'Occident en Orient, ces courants d'air doivent prendre la direction du N.-E. au S.-O. et celle du S.-E. au N.-O., parce que, venant des régions polaires où la vitesse de rotation est faible, ils rencontrent, en se rapprochant de l'Équateur, des régions dont la vitesse de rotation est de plus en plus grande. De là, les vents constants ou *vents alizés*, qui soufflent du N.-E. dans l'hémisphère boréal, du S.-E. dans l'hémisphère austral, depuis le 30e lat. N. jusque vers le 25e lat. S. Les zones de ces deux alizés sont séparées par une *zone de calmes*, qui se trouve dans l'hémisphère boréal du 3° au 9° lat. N.; la force d'ascension, produite dans cette région par une chaleur intense, neutralise l'effet des courants horizontaux et amène souvent des ouragans soufflant dans toutes les directions; de là les *cyclones* des Antilles, les *typhons* de la mer de la Chine, les *tornados;* etc.

Les masses d'air, dilatées vers l'Équateur et poussées vers les régions supérieures de l'atmosphère, retournent vers les pôles, en formant des courants supérieurs qui doivent avoir la direction du S.-O. vers le N.-E. dans l'hémisphère boréal, du N.-O. vers le S.-E. dans l'hémisphère austral. Les faits observés confirment la théorie.

Peu à peu cet air se refroidit, se condense et retombe vers la surface du globe, aux environs du 30° lat. N. ou S.; il se heurte contre l'air venant des pôles, et la neutralisation des forces contraires produit de chaque côté de l'Équateur une nouvelle zone de calmes : celle du tropique du Cancer, celle du tropique du Capricorne. — Au delà de ces deux zones, les vents, sans avoir la régularité des alizés, soufflent le plus souvent du S.-O. dans l'hémisphère boréal, du N.-O. dans l'hémisphère austral : c'est ce qu'on nomme les *contre-alizés.*

Ces différentes zones de vents déterminent les saisons des pluies périodiques dans certaines régions du globe. Dans la zone des calmes de l'Équateur, l'atmosphère est étouffante : le ciel est presque constamment couvert de nuages, qui forment un véritable anneau entourant complétement la Terre. Cet anneau, voyageant avec la zone des calmes qui se déplace suivant les saisons, protége contre les rayons du soleil les régions qu'il couvre et y ramène la pluie à des époques régulières. Les décharges électriques sont fréquentes au sein de ces nuages. — Dans la zone des vents alizés, le temps est habituellement serein ; il n'y a qu'une saison de pluie, c'est l'*hivernage*. — Du 25° au 45° lat. N., du 25° au 40° lat. S., il ne pleut presque pas en été, mais il pleut dans les autres saisons. — Au delà il pleut dans toutes les saisons. — La pluie est rare dans les zones glaciales.

Le Grand Océan a ses vents alizés comme l'Océan Atlantique. On attribue aux mêmes causes générales le *simoun*, qui souffle du Sahara vers le N.; le *khamsin*, qui souffle vers le N.-E., en Égypte ; le *solano* d'Espagne, le *sirocco* d'Algérie et d'Italie; l'*harmattan*, qui vient du N.-E. sur les côtes de Guinée ; les *vents de bise* qui viennent du N.; le *mistral*, qui souffle du N.-O. dans la France méridionale ; les *vents étésiens* de la Méditerranée ; les *bouranes* des steppes de la Russie ; le *pampeiro* des pampas de La Plata. — Telles sont aussi les causes des *moussons*, vents particuliers à l'Océan Indien. Leur action se fait surtout sentir au N. de l'Équateur : d'avril en octobre, lorsque l'hémisphère boréal est échauffé par les rayons du soleil, l'air se dilate dans les plaines de l'Inde et sur le vaste plateau central de l'Asie, un vide se produit et il y a un appel constant d'air qui se précipite du S.-O. à cause de la rotation de la Terre, c'est alors la *mousson* du S.-O. ; mais d'octobre en avril, quand l'hémisphère austral est à son tour échauffé, l'air se dilate dans l'Afrique australe, et un courant d'air plus

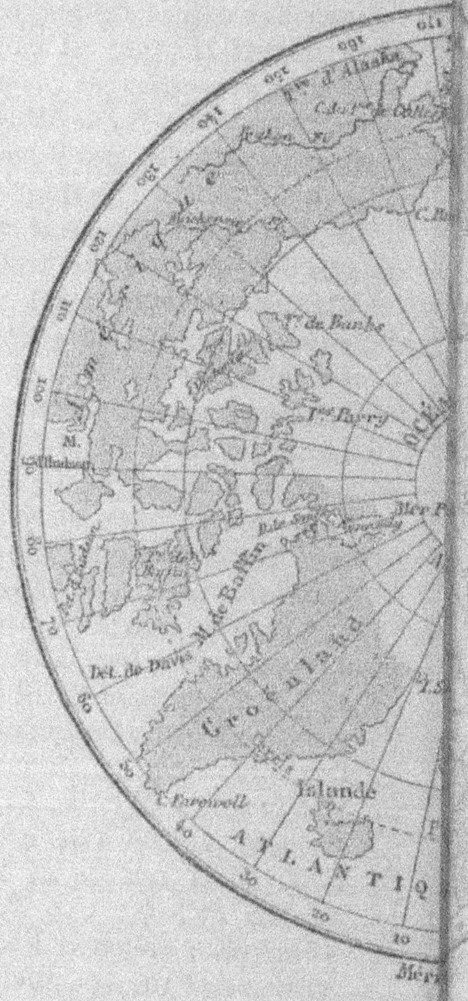
Pén. d'Alaska
C.te... de Behring
Behring
Mackenzie
T.re de Banks
T.re Parry
M.
Mackenzie
Mer P...
Baffin
D.t de Davis
M. de Baffin
D.t... Kennedy
Groenland
C. Farewell
Islande
ATLANTIQUE
Méri...

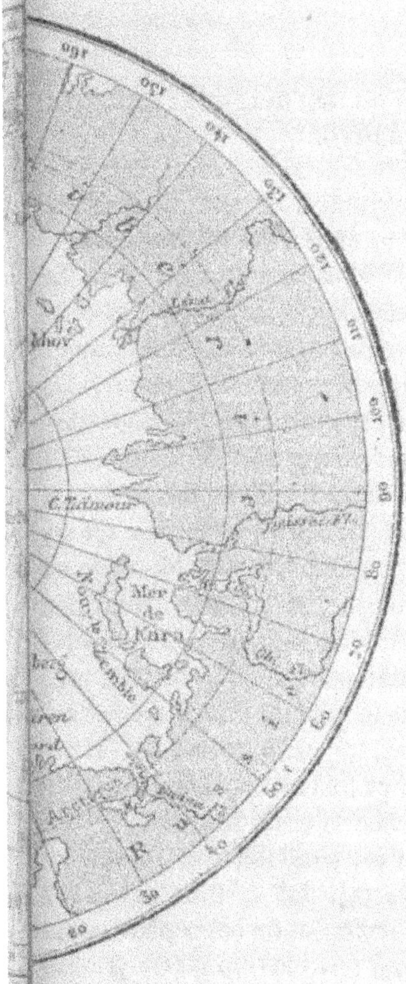

C. Taimour

Mer
de
Kara

Nouvelle Zemble

frais arrive doucement du N.-E. pour combler le vide ; c'est *la mousson* du N.-E. — Au sud de l'Équateur, dans cette mer, règne presque toujours un vent alizé du S.-E.

§ 46. — LES COURANTS. — LE GULF-STREAM. — LE KUROSIVO.

De grands courants maritimes, de grands fleuves, en quelque sorte, circulent dans l'Océan. Les causes générales de ces courants sont, comme pour l'air, la chaleur du Soleil et la rotation de la Terre. Dans la zone torride, la chaleur produit sans cesse une grande évaporation de la masse liquide ; pour combler le vide, deux grands courants d'eaux froides viennent des régions polaires vers l'Équateur, et sont de plus en plus poussés vers l'O. par les vents alizés et par suite de la rotation de la Terre, de manière à ne former qu'un vaste fleuve océanique, qu'on nomme *le courant Équatorial*. — Dans l'Atlantique, ce courant, arrêté par l'Amérique, se partage en deux courants, qui se dirigent vers les pôles, en obliquant de plus en plus vers l'E. ; le courant qui suit la côte de l'Amérique méridionale rencontre au S.-E. les eaux froides qui viennent du pôle antarctique et remontent vers l'Équateur le long de l'Afrique occidentale. Le courant qui parcourt l'hémisphère boréal est plus important et mieux étudié : il pénètre dans la mer des Antilles, puis dans le golfe du Mexique, où il s'échauffe assez pour prendre le nom de *Gulf-Stream* (courant du golfe). Il contourne la presqu'île de Floride, s'élance vers le N. par le canal de Floride, avec une vitesse de 6 à 7 kilomètres par heure, s'étale dans les eaux plus basses qui lui servent de lit, a 125 kilomètres de largeur en face du cap Hatteras, mais seulement 220 mètres de profondeur au lieu de 370, et s'éloigne de plus en plus de la côte américaine. Dans les parages du banc de Terre-Neuve, il rencontre un courant froid venant du N.; c'est ce qui explique la fonte des glaces charriées par ce courant, les brouillards épais de ces parages et même la formation du banc de Terre-Neuve. L'eau du Gulf-Stream, plus saturée de sel, est d'un beau bleu sombre; il est facile de reconnaître ses rives au milieu de l'Océan; la chaleur y est bien plus grande que dans la mer qui l'environne; aussi, lorsqu'arrivant dans les parages des Açores il se divise en plusieurs courants secondaires, ces différents bras réchauffent toute l'Europe occidentale, et surtout la Bretagne française, l'Irlande, l'O. de la Grande-Bretagne, les Shetland, les Féroé, les côtes de la Norvége; l'une de ses branches pénètre même dans l'Océan Glacial jusqu'au golfe Varanger, l'autre vers les parages du Spitzberg; une branche (courant de Rennell) coule vers le S., par le golfe de Gascogne, les Canaries, les îles du Cap-Vert, pour aller rejoindre le courant équatorial. Ce Gulf-Stream met près de trois ans pour achever son long parcours de 3,800 lieues. Au centre de la vaste circonférence qu'il forme on voit la *mer de Varech* ou *mer de Sargasse*, à l'O. des Açores, couverte d'herbes, de varechs, aux brillantes couleurs, qui transforment la mer en prairies mobiles.

Le Grand Océan a aussi ses courants. Un vaste

fleuve d'eau froide vient de l'Océan Glacial antarctique heurter le S. de l'Amérique méridionale ; il longe les côtes de l'O. qu'il rafraîchit, c'est le *courant de Humboldt*, profond de 1,250 mètres à l'O. du Chili, plus froid que les mers environnantes de 10 à 13 degrés. En se repliant vers l'O., il sert à former le *courant Équatorial* du Pacifique, qui s'étend de l'E. à l'O., entre 26° lat. S. et 24° lat. N. ; il épanche une portion de ses eaux dans l'Océan Indien ; une partie considérable, analogue au Gulf-Stream de l'Atlantique, longe les côtes de la Nouvelle-Guinée, des Philippines, du Japon ; c'est le courant de *Tessan* ou *Kuro-Sivo* (fleuve noir) des Japonais ; à l'E. de Niphon ses eaux ont plus de 7 à 8 degrés de chaleur que les eaux voisines ; il s'étale sur de vastes espaces, rencontre, lui aussi, un courant d'eau froide venant du N. ; c'est là qu'on trouve des brumes épaisses et de grands amas de poissons, comme dans les parages de Terre-Neuve. La plus grande partie du courant forme une courbe vers le S.-E., côtoie les rivages de la Nouvelle-Bretagne et de la Californie, et va rejoindre le courant Équatorial, renfermant également une mer de varech. — Dans le Grand Océan austral on a aussi reconnu un courant analogue, mais moins bien dessiné, comme dans l'Atlantique austral.

Dans l'Océan Indien, les eaux froides venues du S.-E. s'unissent aux eaux du courant Équatorial, qui se dirigent vers l'O. ; puis, arrêtées par les côtes d'Afrique, elles coulent vers le S., formant le courant rapide de Mozambique et rencontrent, vers la pointe de l'Afrique, le courant froid qui vient du pôle. Au centre de cette demi-circonférence est également une mer de varech.

Il y a donc une circulation continue dans toutes les parties du vaste Océan, comme dans toutes les parties de l'atmosphère, pour maintenir partout, dans les meilleures conditions, la vie universelle.

§ 47. — PROFONDEUR, — SALURE, — COULEUR DE LA MER.

La profondeur des eaux de l'Océan est encore peu connue ; on croit que la partie la plus creuse de l'Atlantique du Nord est entre les Açores, les Bermudes et Terre-Neuve ; au S.-E. du banc, la sonde a mesuré plus de 8,000 mètres. Entre le Grand Océan et l'Océan Indien on a, dit-on, trouvé plus de 14 kilomètres. On pense que la profondeur moyenne des eaux est entre 4 et 7 kilomètres.

L'Océan est partout salé, mais dans des proportions différentes ; l'Atlantique est plus salé que le Grand Océan et l'Océan Indien ; la Méditerranée et le golfe Arabique sont plus salés que l'Atlantique ; la mer du Nord, la mer Baltique, les mers Glaciales renferment moins de sel.

Les sels de la mer empêchent la corruption des eaux et contribuent aussi aux mouvements des courants ; l'évaporation, en augmentant la salure, augmente la densité des couches supérieures qui tendent à descendre ; d'un autre côté les myriades de zoophytes, qui enlèvent sans cesse une partie des sels marins, rendent moins denses les couches inférieures qui tendent à s'élever.

On ne sait pas encore bien les causes de la couleur généralement bleue des eaux de l'Océan. Dans le golfe de Guinée, la mer est blanchâtre; elle est noire autour des îles Maldives; jaunâtre entre la Chine et le Japon; verdâtre à l'O. des Canaries et des Açores; rouge dans la mer Vermeille et le golfe Arabique. Il paraît que ces diverses nuances sont dues à des substances colorantes ou à des animalcules et des végétaux microscopiques. On attribue aussi généralement à des animalcules lumineux la phosphorescence de la mer.

CHAPITRE V

Les cinq parties du monde. — L'Europe : bornes, mers,
montagnes, fleuves. — Les États avec leurs capitales.

---

§ 48. — LES CINQ PARTIES DU MONDE. — LEURS RAP-
PORTS ; LEURS DIFFÉRENCES.

Il y a *cinq parties du monde* : l'Europe, l'Asie,
l'Afrique, formant l'ancien continent, étendu surtout
dans le sens de la largeur, de l'E. à l'O. ; l'Amérique
ou nouveau continent, qui se développe dans le sens
de la longueur, du N. au S. ; l'Océanie, composée
d'îles dont les plus considérables sont au S.-E. de l'Asie.
On pourrait même dire que l'Amérique forme deux
continents, aussi séparés que l'Asie l'est de l'Afrique.

Il y a quelque symétrie entre ces 6 parties du monde,
qu'on peut réunir en trois groupes distincts : les deux
Amériques, rattachées par un isthme (celui de l'Amérique centrale), avec la presqu'île de Californie, au
N.-O. et l'archipel des Antilles, à l'E. La superficie
dépasse 40 millions de kilomètres carrés. — L'Europe,
probablement unie jadis à l'Afrique, avec la presqu'île
Hispanique, à l'O., et l'archipel grec à l'E. La superficie

de l'Europe est d'environ 10 millions de kilomètres carrés; celle de l'Afrique de 30 millions; en tout 40 millions. — L'Asie et l'Australie, avec la presqu'île de l'Arabie à l'O., l'archipel des Philippines et celui des Moluques à l'E. La superficie de l'Asie est d'environ 39 millions de kilomètres carrés; celle de l'Australie de 8 millions; en tout 47 millions.

Les trois continents du Nord offrent une grande variété de contours, de mers intérieures, d'îles, de presqu'îles; — les trois continents du Sud sont plus massifs.

Les trois continents du Sud sont terminés par trois pointes. Au reste toutes les presqu'îles de quelque importance ont leur pointe dirigée vers le S., à l'exception des presqu'îles du Jutland et du Cotentin en Europe, de l'Yucatan en Amérique. De plus les trois continents du Nord se terminent chacun au S. par trois presqu'îles : l'Europe, par la péninsule Hispanique, l'Italie, la Grèce; — l'Asie, par l'Arabie, l'Hindoustan, l'Indo-Chine; — l'Amérique du Nord, par la Californie, l'Amérique centrale qu'on peut regarder comme une presqu'île allongée, la Floride.

Si l'on examine le relief des terres, on voit d'abord que le trait principal du relief de l'ancien monde est l'énorme élévation du sol vers l'Hindou-Kousch et l'Himalàya, à l'endroit où viennent se croiser les deux grands axes continentaux. Aux antipodes de ce point, dans le Grand Océan, on ne trouve pas d'îles, mais des abîmes profonds.

Les grandes chaînes de montagnes sont dirigées de l'O. à l'E., dans l'ancien continent, au N. du tropique du Cancer; elles sont orientées du N. au S. dans l'Amérique, l'Afrique australe, l'Australie. — Dans les deux mondes, les massifs les plus élevés sont à égale distance de l'Équateur, en sens opposé; l'Himalâya correspond aux plus hauts sommets de la chaîne des Andes.

§ 49. — EUROPE. — SES BORNES. — GRAND DÉVELOPPEMENT DES CÔTES. — MERS DE L'EUROPE. — PRESQU'ÎLES.

L'EUROPE est la plus petite des cinq parties du monde; elle n'est remarquable ni par les proportions grandioses de sa configuration, ni par ses richesses minérales, ni par le luxe de sa végétation. Mais on peut affirmer qu'elle est la mieux conformée pour devenir le centre de la civilisation.

On l'a considérée comme une vaste presqu'île située au N.-O. de l'ancien continent, ayant pour bornes : au N., l'Océan Glacial arctique ; à l'O., l'Océan Atlantique ; au S., la Méditerranée, avec toutes les mers secondaires qui s'y rattachent. Elle est séparée de l'Asie, au S.-E., par la barrière très-élevée de la chaîne du Caucase et par la mer Caspienne ; à l'E., la limite est presque arbitraire ; le fleuve Oural, tributaire de la mer Caspienne et les monts Ourals, d'une hauteur médiocre, ne forment pas une limite bien tranchée, et il est certain qu'à une époque antéhistorique l'Europe était mieux séparée de l'Asie par une mer, dont on voit encore les traces, qui s'étendait de la mer Noire au golfe de l'Obi, dans l'Océan Glacial.

Dans ces limites, l'Europe est longue de 5,400 kilomètres, du N.-E. au S.-O. ; elle est large de 3,900 kilomètres, du N. au S. ; elle a environ, en y comprenant des îles nombreuses, 9,900,000 kilomètres carrés.

Ce qui frappe avant tout, lorsqu'on examine la configuration de l'Europe, c'est le grand développement de ses côtes, surtout en proportion de sa surface. On a calculé qu'elle avait 32,000 kilomètres de littoral. Partout, en effet, on voit de larges et profondes découpures, des golfes, des mers intérieures, aux rivages multipliés. Des presqu'îles, que terminent des caps s'avançant au milieu des eaux, des îles nombreuses, harmonieusement réparties près de tous les rivages, ajoutent encore de nouveaux avantages à cette disposition si favorable aux rapports des peuples entre eux et au développement de la civilisation.

L'*Océan Glacial* forme sur ses côtes le grand golfe de Kara et la mer Blanche, elle-même glacée pendant de longs mois, mais par laquelle la Russie pouvait seument jadis communiquer avec les mers du reste de l'Europe. — *L'Océan Atlantique* forme surtout la mer du Nord ou d'Allemagne, peu profonde, parsemée de nombreux bancs de sable, et qui communique, par les détroits danois, et surtout par le Sund, avec la mer Baltique, la mer intérieure du Nord, avec ses golfes importants, peu profonde également et peu salée. La mer du Nord rejoint par le détroit du Pas-de-Calais, large seulement de 34 kilom., la Manche qui s'élargit entre la France et l'Angleterre.

Au S. de l'Europe, le détroit de Gibraltar conduit de l'Océan Atlantique dans la *Méditerranée*, la plus célèbre et la plus importante des mers intérieures, qui rapproche l'Europe de l'Afrique septentrionale et de l'Asie occidentale. La Méditerranée forme elle-même sur nos côtes de nombreuses mers, qui pénètrent dans l'intérieur du continent et multiplient les rivages : mer Ionienne, mer Adriatique, Archipel, mer de Marmara, mer Noire.

Aussi aucune partie du monde n'a autant de presqu'îles, plus ou moins considérables, terminées par des caps : au N., la péninsule Scandinave, qui renferme la Suède et la Norvége, et la presqu'île danoise du Jutland ; — à l'O., la presqu'île de Cornouailles en Angleterre ; les presqu'îles du Cotentin et de la Bretagne en France ; — au S., trois grandes presqu'îles, la péninsule Ibérique, qui renferme l'Espagne et le Portugal ; la péninsule Italienne, elle-même terminée par deux presqu'îles moins importantes, et la péninsule Turco-Hellénique, avec ses presqu'îles de Gallipoli, de Salonique et surtout de Morée.

§ 50. — RELIEF DE L'EUROPE. — MONTAGNES PRINCIPALES. — LES ALPES. — LES APENNINS. — LES PYRÉNÉES. — LES BALKANS. — LES KARPATHES, ETC.

Si l'on jette les yeux sur le relief du continent européen, on remarque que les parties hautes, plateaux et montagnes, dominent dans le sud, et les parties basses, les plaines, dans le nord. De plus, les chaînes de montagnes sont généralement disposées dans le sens de l'E. à l'O., qui est celui de la longueur de l'Europe, suivant en quelque sorte les contours de la

Méditerranée, dont elles sont peu éloignées. On peut considérer l'Europe comme formée par un vaste plateau accidenté et découpé par sa base, qui descend par des pentes assez rapides vers le S., où il plonge dans la Méditerranée, et de tous les autres côtés par des pentes moins sensibles, vers les plaines de l'Asie occidentale, vers l'Océan Glacial, vers l'Océan Atlantique.

Le système des ALPES est le massif le plus épais et le plus élevé ; il domine de ses hauts sommets, couverts de neiges éternelles, trois régions, l'Italie, la France et l'Allemagne ; la Suisse a trouvé et su défendre son indépendance au milieu de ses glaciers et de ses pâturages. Son plus haut sommet, le mont Blanc, n'a que 4,810 mètres ; mais sur les 400 sommets de plus de 2,500 mètres d'altitude que possède l'Europe, les trois quarts appartiennent au système Alpin. On peut donc le considérer comme étant le centre du relief européen. C'est de là que les eaux s'épanchent dans toutes les directions, vers la mer du Nord, la Méditerranée, l'Adriatique, la mer Noire.

Les Alpes se rattachent directement, vers le S.-O., à la chaîne des APENNINS, qui forme comme la charpente de la péninsule italienne ; vers le S.-O., par les chaînes secondaires du *Jura*, des *Vosges*, des *Cévennes*, qui traversent la France, au système des PYRÉNÉES, muraille épaisse entre la France et l'Espagne, et au *système Ibérien*, qui couvre de ses nombreuses ramifications les hauts plateaux de la péninsule Ibérique.

Au S.-E., les Alpes se relient au système des BALKANS et à leur prolongement, les ALPES HELLÉNIQUES, qui déterminent la troisième des grandes presqu'îles de

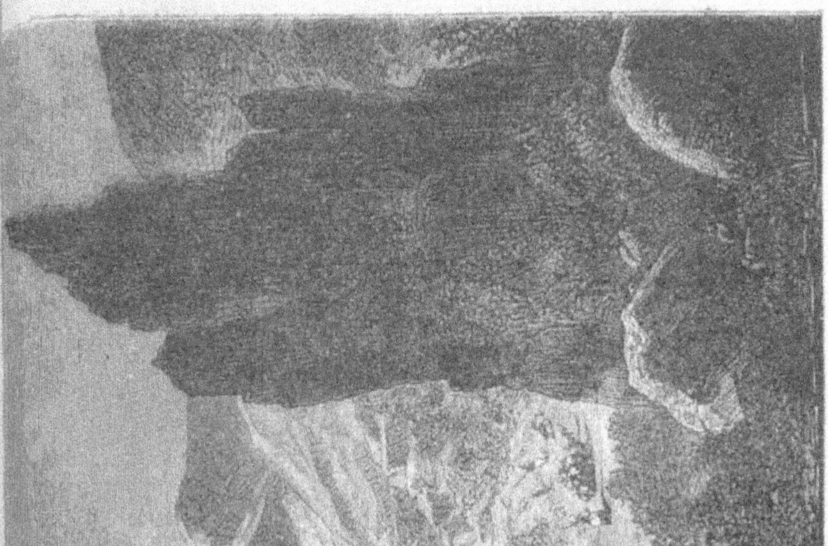

Paysage des Balkans en Turquie.

l'Europe méridionale, la péninsule Turco-Hellénique.

Une chaîne peu élevée unit vers le N. le massif des Alpes à un ensemble de systèmes de montagnes, moins considérables, comme le système quadrangulaire des monts de Bohème, auquel se rattachent, vers l'O., le système Hercynien, entre la haute et la basse Allemagne et vers l'E., la longue chaîne demi-circulaire des monts Karpathes, la seconde des chaînes de l'Europe par l'étendue, les richesses, les peuples qu'elle sépare, mais bien moins haute que les Alpes et sans glaciers.

Les montagnes de la presqu'île Scandinave, celles des îles, sont véritablement séparées de l'ensemble du relief européen. Il en est de même de la chaîne des monts Ourals et de celle du Caucase, dont les sommets, plus hauts que ceux des Alpes, atteignent jusqu'à 5,400 mètres.

On doit remarquer que les montagnes de l'Europe ne sont pas assez considérables pour devenir une barrière infranchissable entre les différentes régions; — qu'aucune région n'est complètement isolée des autres; — que ces montagnes donnent naissance à de nombreux cours d'eau, qui portent en tous sens la fécondité; — que les mers opposées, avec les golfes qu'elles forment, se rapprochent de plus en plus, à mesure qu'on avance vers le S.-O.; si la distance est encore assez grande entre la mer Blanche et la mer Caspienne, elle diminue entre la mer Baltique et la mer Noire; puis, entre la mer du Nord et la mer Adriatique; elle est faible entre le golfe de Gascogne, dans l'Océan Atlantique, et le golfe du Lion, dans la Méditerranée.

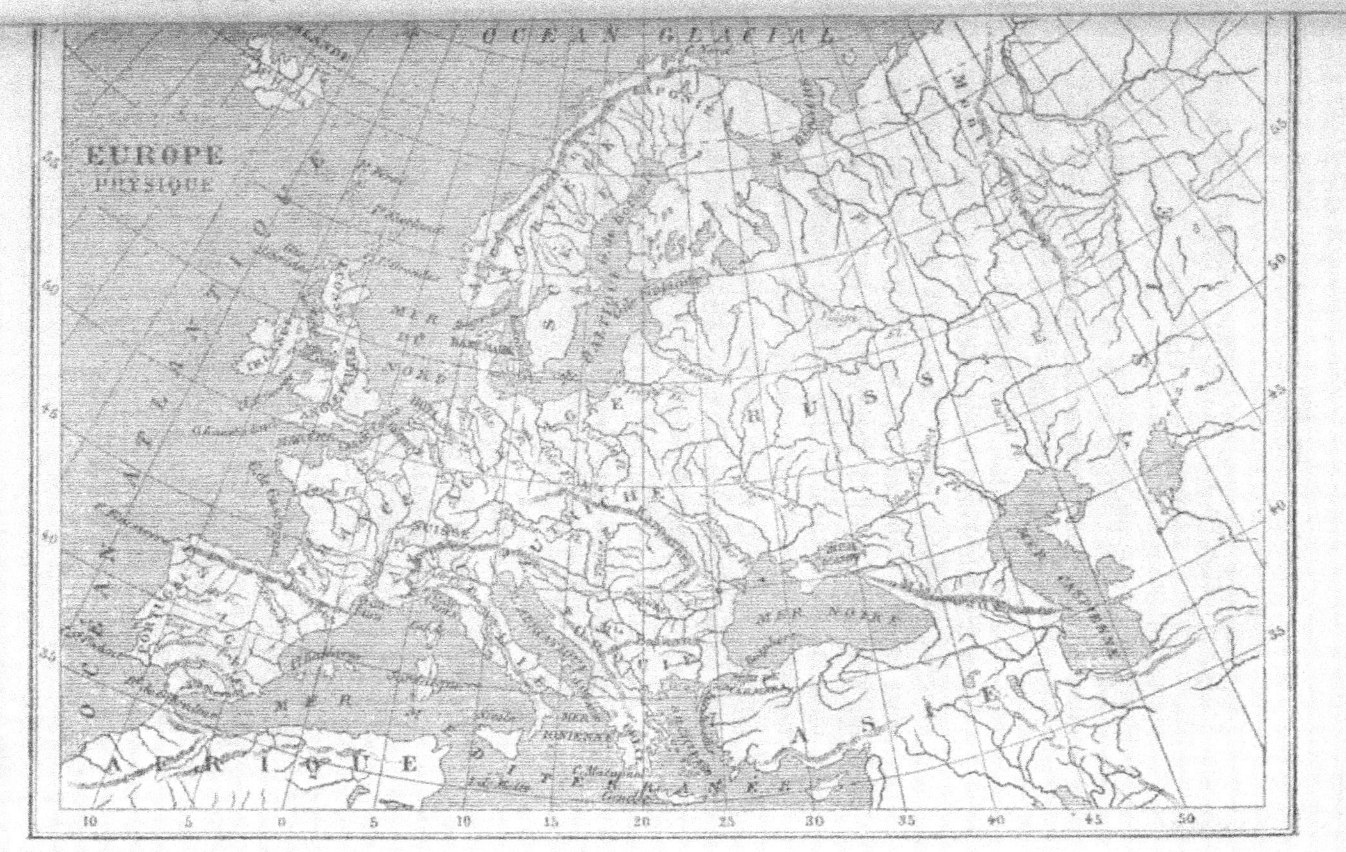

EUROPE
PHYSIQUE
OCÉAN GLACIAL
OCÉAN ATLANTIQUE
MER DU NORD
MER NOIRE
MER CASPIENNE
MER MÉDITERRANÉE
MER IONIENNE
RUSSIE
ASIE
AFRIQUE

§ 51. — L'EUROPE EST PARTAGÉE EN DEUX VERSANTS.
— PRINCIPAUX FLEUVES.

La surface de l'Europe est généralement inclinée en deux sens opposés ; elle a comme deux pentes, deux *versants* ; l'un de ces versants s'incline vers le N. et le N.-O. ; les eaux qui l'arrosent vont se jeter dans l'Océan Glacial, dans l'Océan Atlantique et leurs dépendances ; — l'autre, moins étendu, et presque toujours plus rapide, s'abaisse vers le S. et le S.-E. ; les eaux qui l'arrosent vont se perdre dans la Méditerranée et dans la mer Caspienne. Une ligne de hauteurs, montagnes, collines, simples ondulations de terrain, longue et tortueuse, sépare ces deux versants opposés, dans la direction du N.-E. vers le S.-O. ; c'est la *ligne générale du partage des eaux*.

Les fleuves de l'Europe ont des proportions moins considérables que ceux des autres parties du monde, mais ils sont généralement navigables et ont de nombreux affluents.

Le fleuve le plus long et le plus volumineux est le *Volga* ; son cours est de 3,747 kilomètres ; il arrose une grande partie de la Russie, mais vient se terminer, par de nombreuses embouchures, dans une mer fermée, la Caspienne. — Après lui vient le *Danube*, de 3,000 kilomètres de cours, qui est, comme le Volga, dans le versant méridional, coule de l'O. à l'E., au N. des Alpes et des Balkans, et se termine également par plusieurs bouches dans une mer presque fermée, la mer Noire. — Les autres fleuves du versant méridio-

nal sont moins considérables, mais diversement célèbres : le *Don* et le *Dniéper*, grands fleuves de la
Russie méridionale, tributaires de la mer Noire ; —
le *Pô*, au pied des Alpes, qui arrose les plaines fertiles
de l'Italie septentrionale et finit par un vaste delta
dans l'Adriatique ; — le *Tibre*, aux eaux jaunes, qui
traverse Rome ; — le *Rhône*, le fleuve rapide de la
France méridionale ; — l'*Ebre*, en Espagne.

Les fleuves les plus importants du versant septentrional sont : la *Vistule* et l'*Oder*, qui traversent les
plaines monotones de l'Allemagne du Nord et finissent
dans la Baltique ; — l'*Elbe* et le *Weser*, tributaires de la
mer du Nord, en Allemagne ; — le *Rhin*, si célèbre par
son rôle historique, véritable fleuve européen, comme
le Danube, qui commence dans les montagnes de la
Suisse pour finir par plusieurs bras dans les plaines
basses de la Hollande ; — la *Tamise*, si importante
parce qu'elle a Londres pour port. — Puis la *Seine*,
d'un cours médiocre, comme la Tamise, mais qui traverse Paris et finit dans la Manche ; — la *Loire* et la
Garonne, qui arrosent la France ; — le *Douro*, le *Tage*,
le *Guadiana*, le *Guadalquivir*, fleuves de la péninsule
Ibérique.

L'Europe a beaucoup de lacs, pour la plupart de
grandeur médiocre, mais dont plusieurs sont célèbres
par leur beauté pittoresque : lacs de plaine, surtout
en Russie et en Suède ; lacs des régions montueuses,
surtout en Suisse, au N. des Alpes, en Italie, au S. de
ces montagnes.

Tourmentée jadis par les feux souterrains des volcans, l'Europe n'a plus que quelques volcans en acti-

vité, surtout au S. de l'Italie, comme le Vésuve et l'Etna.

§ 52. — CLIMAT GÉNÉRAL DE L'EUROPE.

Sauf l'extrémité septentrionale de la Norvége, de la Suède et de la Russie, l'Europe est tout entière dans la zone tempérée. Aussi le climat est-il généralement modéré, également éloigné des froids et des chaleurs extrêmes.

Trois grandes causes modifient d'ailleurs le climat européen : 1° l'air glacial de la Sibérie et des steppes de l'Asie, surtout pendant que soufflent les vents du N. et du N.-E., se fait sentir dans toute la partie des plaines du versant septentrional, qui n'est pas abritée par des montagnes ; — 2° l'Afrique et surtout les déserts brûlants du Sahara sont au contraire un foyer de chaleur ; aussi les vents du S. réchauffent les terres de l'Europe méridionale ; mais leur ardeur desséchante est tempérée par la chaîne de l'Atlas et par la Méditerranée, qui les rafraîchissent et leur donnent quelque humidité ; — 3° le voisinage de l'Océan Atlantique et surtout l'influence bienfaisante du grand courant d'eaux tièdes, du Gulf-Stream, réchauffent toute la partie occidentale de l'Europe. Tandis qu'à égale distance du pôle Nord l'île de Terre-Neuve est enveloppée de glaces, tandis que le Labrador, au N.-E. de l'Amérique septentrionale, est condamné à la stérilité, l'Irlande, la presqu'île de Cornouailles en Angleterre, la Bretagne en France, jouissent d'un climat humide et tempéré ; les golfes de la Norvége même restent toujours ouverts, lorsque la côte opposée du Groënland est presque inaccessible, à cause des glaces.

Ainsi, dans notre Europe, la distribution des mers, la disposition des montagnes, l'étendue des plaines, le nombre et la navigabilité des cours d'eau sont surtout favorables au développement de la civilisation. Les richesses naturelles ne sont pas assez abondantes, la végétation n'est pas assez luxuriante, pour que l'homme puisse y vivre presque sans travail ; mais il n'a pas à lutter contre des forces malfaisantes qui l'accableraient ; le climat, généralement tempéré, est propice aux efforts de son activité physique et intellectuelle ; en Europe, pas de froids excessifs qui le paralysent, pas de chaleurs énervantes qui l'engourdissent. Partout la nature invite l'homme au travail et partout elle le récompense de ses efforts. Aussi l'Europe est-elle devenue le séjour de la race humaine qui semble le mieux douée naturellement, et qui a pu développer, dans les meilleures conditions, ses aptitudes naturelles. L'Europe, malgré la petitesse de ses proportions, domine le monde.

§ 53. — POPULATION DE L'EUROPE ; — SES GRANDES DIVISIONS.

La population de l'Europe est d'environ 310,000,000 d'habitants, c'est-à-dire de 31 habitants par kilomètre carré. Elle appartient presque tout entière à la grande *race blanche* de l'espèce humaine, et la religion du plus grand nombre est le *christianisme*. Cette population est répartie entre divers *États*, d'inégale grandeur,

et dirigés par des gouvernements de différente nature.
Malgré les intérêts trop souvent opposés, malgré les
jalousies funestes, les rivalités nationales, causes de
guerres, qui ralentissent toujours les progrès, les
peuples de ces États sont unis entre eux par les liens
d'intérêts communs de la plus haute importance, de
sentiments, d'idées, de lumières qui constituent ce
qu'on nomme la *civilisation européenne*.

On peut grouper les différents États de l'Europe de
plusieurs manières, tout en remarquant que les divisions politiques ne correspondent pas toujours aux
divisions naturelles.

§ 54. — EUROPE OCCIDENTALE; SES CARACTÈRES GÉNÉRAUX.

L'EUROPE OCCIDENTALE, quoiqu'elle n'embrasse pas
la cinquième partie de l'Europe entière, marche depuis
longtemps à la tête de la civilisation. Elle est située
au milieu de la zone tempérée et presque tous ses
rivages sont baignés par les courants tièdes de l'Océan
Atlantique. Ces longs rivages, avec leurs îles, leurs
ports nombreux, se développent sur les deux mers
qui ont joué le premier rôle dans l'histoire du monde :
sur la Méditerranée qui pénètre jusque dans l'Europe
orientale, qui conduit vers l'Afrique, vers l'Asie, et,
depuis l'ouverture du grand canal maritime de Suez,
jusqu'aux extrémités les plus lointaines de l'Orient; —
sur l'Océan Atlantique, qui depuis près de quatre siècles
est resté la grande route du commerce et de la civilisation. Les terres sont assez fertiles pour nourrir une
population nombreuse ; le sol renferme les richesses

les plus utiles à l'industrie de l'homme : le fer, la houille, l'étain, le plomb, etc. C'est dans l'Europe occidentale que l'influence de la Rome antique et de la Rome moderne s'est principalement fait sentir, dans la langue, les lois, la littérature, les arts, l'organisation religieuse.

§ 55. — ÉTATS DE L'EUROPE OCCIDENTALE. — LEUR POSITION ; LEURS CAPITALES.

Les États de l'Europe occidentale sont :

La FRANCE, le pays le plus anciennement constitué de toute l'Europe, non pas le plus étendu (528,000 kilomètres carrés), non pas le plus peuplé (36,000,000 d'habitants), mais qui, malgré ses fortunes diverses, a toujours joué un grand rôle par les armes et par les idées. Le gouvernement de la France est maintenant une *république*. La capitale est *Paris*.

L'ESPAGNE et le PORTUGAL sont renfermés, au S.-O. de l'Europe, dans la même péninsule Ibérique, et sont également de civilisation latine et de religion catholique. Le gouvernement de ces deux États est une *monarchie constitutionnelle* ou représentative. L'Espagne, le pays le plus étendu (500,000 kilomètres carrés) et le plus peuplé (16,500,000 habitants), a pour capitale *Madrid*, au centre, sur le haut plateau de la Castille. Le Portugal, dont la superficie n'est que de 90,000 kilomètres carrés, et la population de 4,300,000 habitants, a pour capitale le beau port de *Lisbonne* sur le Tage.

L'ITALIE, au S.-E. de la France, si longtemps divisée et malheureuse, a conquis récemment son unité natio-

nale et politique, et forme une *monarchie constitutionnelle*, qui comprend toute la véritable péninsule, avec
les grandes îles de Sicile et de Sardaigne. L'étendue
du royaume d'Italie est de 296,000 kilomètres carrés;
sa population, relativement assez pressée, est de
27,500,000 habitants. La capitale est *Rome,* sur le
Tibre, qui est aussi la résidence du Pape, chef de
l'Église catholique.

La Suisse, à l'E. de la France et au N. de l'Italie, au
milieu des montagnes et des lacs du système Alpin,
est une république fédérative de 22 cantons, qui ont
chacun leur organisation particulière. La superficie
de la *Confédération Helvétique* n'est que de 41,000 kilomètres carrés; la population, presque aussi dense que
celle de la France, est de 2,670,000 habitants. La capitale de la Confédération est *Berne*, sur l'Aar, affluent
du Rhin, dans le plus important des cantons.

La Belgique, au N. de la France, dont elle est comme
le prolongement, ne forme un État indépendant que
depuis 1830. Mais le travail incessant de ses habitants,
de même origine que les Français, dans l'agriculture,
l'industrie et le commerce, en a fait l'un des pays les
plus prospères de l'Europe, comme le montre sa population de 5,350,000 habitants, déjà trop pressés sur
une petite superficie de 29,000 kilomètres carrés. Le
gouvernement est une *monarchie constitutionnelle* ; la
capitale est *Bruxelles.*

Le royaume des Pays-Bas ou de Hollande, au N. de
la Belgique, composé de terres basses, sans cesse me-
nacées par les eaux des fleuves ou par les flots de la
mer du Nord, est depuis longtemps entraîné, par ses

intérêts, comme par ses idées, dans le cercle |des na-
tions occidentales, malgré l'origine germanique de ses
habitants, malgré leur langue et leur religion. La superficie est de 35,000 kilomètres carrés, et la population, la plus dense après celle de la Belgique, dépasse
4,000,000 d'habitants. Le gouvernement est une *monarchie constitutionnelle*, dont la capitale est *La Haye*;
mais la grande ville est le port d'*Amsterdam*.

Le Royaume-Uni de la GRANDE-BRETAGNE (Angleterre
et Ecosse) et de l'IRLANDE, au N.-O. de la France, est
un empire insulaire comprenant les deux grandes îles
Britanniques et les petites îles qui s'y rattachent. Ce
pays, grâce à ses richesses minérales (houille, fer, etc.),
grâce surtout au travail intelligent et énergique de ses
habitants, est, au XIXe siècle, le premier pays de
grande industrie ; — par sa position insulaire, ses
ports nombreux, ses immenses colonies dans toutes
les parties du monde, ses flottes, il est devenu la première puissance maritime et commerciale. La Grande-
Bretagne ou l'*Angleterre*, comme on dit communément,
marche avec la France à la tête des peuples civilisés. La
superficie du royaume en Europe est de 315,000 kilomètres carrés ; la population est de 33,500,000 habitants.
Le gouvernement est une *monarchie constitutionnelle*,
la plus ancienne de l'Europe. La capitale de l'Empire
est *Londres*, sur la Tamise, la ville la plus peuplée de
toute l'Europe et probablement du monde entier ; la
capitale de l'Écosse est *Edimbourg*, près de la mer du
Nord ; celle de l'Irlande est *Dublin*, beau port sur la
mer d'Irlande.

§ 56. — EUROPE CENTRALE. — SES POPULATIONS.

L'Europe centrale s'étend de la mer du Nord à la mer Adriatique, de la mer Baltique à la mer Noire, au cœur même du continent. Elle renferme trois groupes distincts : l'Autriche, dans la vallée du Danube tournée vers l'E. ; — l'Allemagne qui presque tout entière penche vers le N.; — la Scandinavie, qui comprend les deux presqu'îles du Nord. Là domine la grande famille des peuples Germaniques, dont les Scandinaves ne sont qu'un rameau; cette race, habitant des pays relativement pauvres, séparés de la mer, à l'O., au S., à l'E., ne touchant au N. qu'à une mer presque fermée, la Baltique, n'ayant sur la mer du Nord que des rivages peu favorables au mouvement maritime, a longtemps tourné son activité sur elle-même ou s'est jetée sur les pays voisins pour les piller, pour les assujettir.

De là sont parties les bandes armées qui achevèrent la ruine du vieil empire romain; de là se sont élancés ces essaims de pirates allant porter partout, au moyen âge, la désolation et la mort, les Saxons et les Angles d'abord, les Danois et les Normands plus tard. Cette race expansive, ambitieuse et guerrière a soumis à ses lois les peuples Slaves, qu'elle rencontrait à l'E., de l'Elbe à la Vistule et au Niémen; plus au S., dans les pays arrosés par la Save et par la Drave, affluents du Danube; elle a mis la main sur la Hongrie et la Transylvanie au S.-E. Longtemps elle s'est efforcée de dominer l'Italie; elle s'est avancée vers l'O., au delà de la rive gauche du Rhin, au détriment de la France.

Enfin, de nos jours, de nombreux émigrants se répandent dans le monde entier, surtout dans l'Amérique septentrionale.

§ 57. — ÉTATS DE L'EUROPE CENTRALE ; LEURS CAPITALES.

Les États de l'Europe centrale sont :

L'EMPIRE D'ALLEMAGNE et ses 26 États, royaumes, duchés, républiques, dominés par la Prusse. Cet empire, dont la superficie est de 540,000 kilomètres carrés et la population de 42,800,000 habitants, a pour capitale *Berlin*. Le gouvernement est une monarchie constitutionnelle. — Les principaux états de l'Empire sont : le royaume de PRUSSE, au N., dont la capitale est également *Berlin*, et plus au S., le royaume de SAXE, dont la capitale est *Dresde* ; le royaume de BAVIÈRE, dont la capitale est *Munich* ; le royaume de WURTEMBERG, dont la capitale est *Stuttgart*, etc.

L'empire AUSTRO-HONGROIS, au S.-E. de l'Allemagne, s'étend surtout dans le bassin du Danube. Il est vaste, puisqu'il comprend 624,000 kilomètres carrés ; il est peuplé de près de 38,000,000 d'habitants ; mais ses provinces sont plutôt juxtaposées que véritablement unies ; elles sont habitées par des populations de nationalités distinctes par l'origine, la langue, les tendances ; et, de nos jours, il y a presque deux États séparés sous un même souverain, avec des gouvernements représentatifs, l'Autriche et les provinces de l'Empire d'un côté, dont la capitale est *Vienne*, sur le Danube ; la Hongrie et les provinces du Royaume dont la capitale est *Bouda-Pesth*, deux villes séparées seulement par le Danube.

Le DANEMARK, amoindri récemment par l'Allemagne, ne comprend plus que la presqu'île du Jutland et les îles danoises, entre la mer du Nord et la Baltique. La superficie en Europe n'est que de 38,000 kilomètres carrés ; la population, de 1,900,000 habitants. Le gouvernement est une monarchie constitutionnelle ; la capitale est le beau port de *Copenhague*, dans l'île de Seeland.

La SUÈDE et la NORVÉGE, au N. de l'Europe, forment deux royaumes distincts, réunis depuis 1815 sous le sceptre d'un même souverain. Ils occupent la grande péninsule Scandinave ; la superficie de la Suède est de 442,000 kilomètres carrés ; celle de la Norvége, de 316,000 ; mais la population est peu considérable dans ces États du Nord, exposés à un froid rigoureux, couverts de montagnes et de lacs, et renfermant beaucoup plus de bois que de champs cultivables ; la Suède ne compte que 4,383,000 habitants ; la Norvége, 1,800,000. Le gouvernement des deux royaumes est une monarchie constitutionnelle ; la capitale de la Suède est *Stockholm*, près de la mer Baltique ; celle de la Norvége est *Christiania*, sur un golfe de la mer du Nord.

§ 58. — ÉTATS DE L'EUROPE ORIENTALE ; LEURS CAPITALES.

L'EUROPE ORIENTALE comprend les pays situés à l'E. d'une ligne allant de l'embouchure du Niémen dans la mer Baltique à celles du Danube dans la mer Noire.

C'est surtout la région habitée par les populations de la famille slave ; c'est surtout le vaste EMPIRE DE RUSSIE, pays aux proportions massives, comme l'Asie à laquelle il touche ; aux plaines immenses et presque sans pentes, d'une extrême monotonie ; exposé directement aux vents du nord, d'un climat excessif, où des froids d'une extrême rigueur peuvent succéder à de grandes chaleurs. L'empire de Russie, en y comprenant seulement ce que le gouvernement rattache à l'Europe, a 5,360,000 kilomètres carrés (plus de la moitié de l'Europe), et 72,600,000 habitants, c'est-à-dire 14 habitants par kilomètre carré. Le gouvernement est une monarchie absolue; le *tzar est le souverain autocrate de toutes les Russies*. La capitale est *Saint-Pétersbourg*, sur la Néva, affluent du golfe de Finlande, qui est une partie considérable de la mer Baltique.

L'Europe orientale comprend encore la péninsule Turco-Hellénique ou péninsule des Balkans, au S.-E. de l'Europe.

On y trouve la TURQUIE d'Europe, qui n'est qu'une portion du vaste empire des Turcs Ottomans, s'étendant encore sur l'Asie occidentale et le N.-E. de l'Afrique. Le pouvoir du sultan est absolu, quoique la Turquie vienne de recevoir en 1877 une constitution, qui ne semble pas destinée à vivre sérieusement. La superficie de la Turquie d'Europe est de 363,000 kilomètres carrés et la population de 9,000,000 d'habitants, Turcs, Grecs, Slaves; musulmans et chrétiens. La capitale est *Constantinople*, dans une admirable position sur le détroit qu'on nomme le Bosphore. Le démembrement de la Turquie a déjà commencé ; la principauté de

Roumanie, au N.-E., capitale *Bukharest ;* la principauté de Serbie, au N.-O., capitale *Belgrade ;* la principauté de Montenegro, à l'O., capitale *Cettigne,* quoique déclarées vassales du sultan, sont de fait presque indépendantes.

La Grèce, au S. de la péninsule, forme en réalité un royaume indépendant de la Turquie depuis 1829. Ce petit État, dont les limites politiques ont été trop restreintes, lors de sa constitution, par la diplomatie européenne, n'a que 50,000 kilomètres carrés et 1,460,000 habitants. Le gouvernement est une monarchie constitutionnelle ; la capitale est *Athènes,* si célèbre dans l'antiquité, aux beaux temps de la Grèce, avec son port, le Pirée, sur l'Archipel.

CHAPITRE VI

L'Asie et l'Afrique. — Grands traits de la géographie physique. — Régions principales. — États.

---

§ 59. — ASIE. — SON ÉTENDUE; SES BORNES. — MERS
QUI L'ENTOURENT.

L'ASIE est la plus vaste et la plus peuplée des cinq
parties du monde; la petite Europe, l'Afrique et même
les principales îles de l'Océanie semblent les annexes
de cette terre large et massive. Elle a joué un grand rôle
depuis les temps les plus reculés; c'est en Asie qu'on
vit apparaître les civilisations naissantes et les premiers empires; c'est en Asie que toutes les grandes
religions ont pris naissance; c'est en Asie qu'on trouve
les régions les plus riches, habitées par les plus nombreuses agglomérations d'hommes, l'Inde et la Chine.
— Mais l'Asie est restée stationnaire, tandis que l'Europe et la jeune Amérique, colonisée par les Européens,
n'ont cessé de faire de grands progrès, surtout dans
les temps modernes.

La superficie de l'Asie, avec les îles, est de 42,000.000

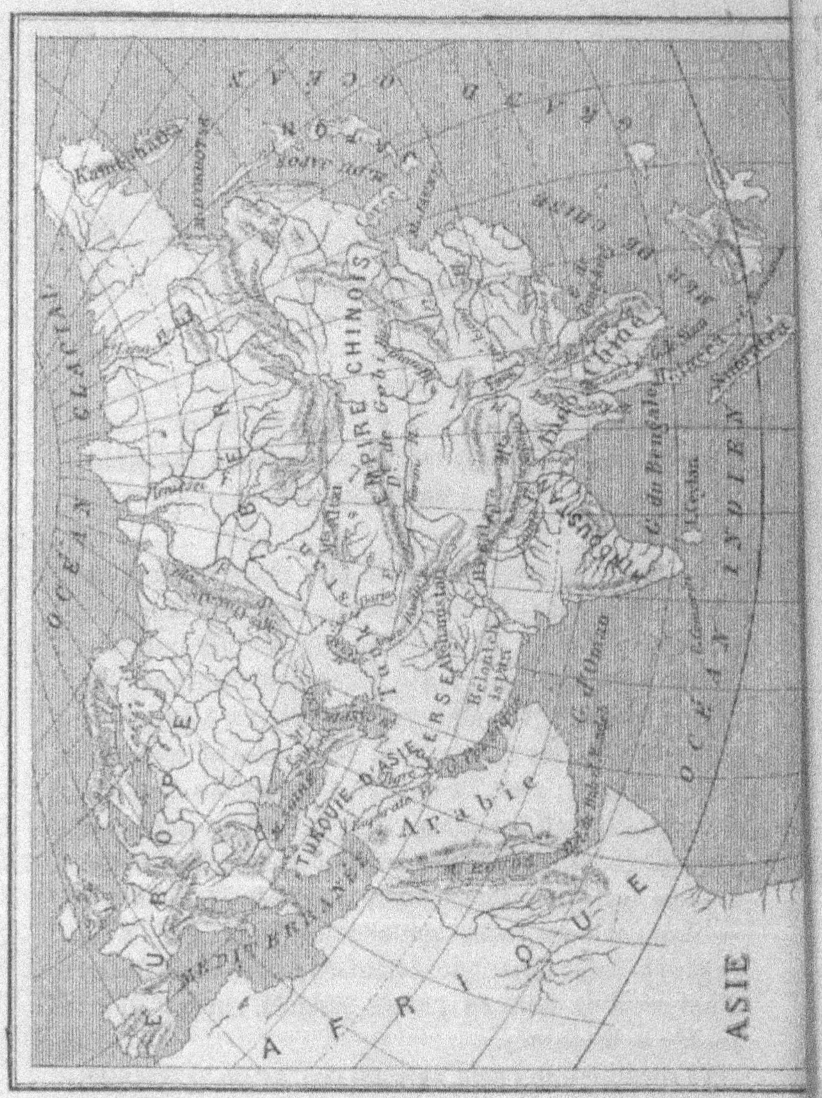
GRAND OCÉAN
OCÉAN GLACIAL
Kamtchatka
EMPIRE CHINOIS
TURKESTAN
EUROPE
MÉDITERRANÉE
TURQUIE D'ASIE
PERSE
Arabie
INDOUSTAN
Canton
OCÉAN INDIEN
AFRIQUE
ASIE

de kilomètres carrés ; elle est donc cinq fois plus vaste
que l'Europe. Elle forme une masse compacte, de figure
à peu près quadrangulaire, dont les côtés regardent
les quatre points cardinaux, mais sont dessinés très-
irrégulièrement.

Au N., l'*Océan Glacial arctique* est une mer très-
inhospitalière, presque toujours glacée, dont les rivages sont inhabités et fermés presque partout à la
navigation.

A l'E., l'Asie est à peine séparée de l'Amérique septentrionale par le faible, mais redoutable détroit de
Behring, puis baignée par le *Grand Océan*. Une longue
suite d'îles importantes, à peu près parallèles à la
côte, détermine une série de mers presque intérieures,
de Behring, d'Okhotsk, du Japon, de la Chine, etc.,
avec des golfes profonds, et de nombreux détroits.

Au S., l'*Océan Indien* baigne les trois grandes presqu'îles de l'Asie méridionale : il forme le *golfe du
Bengale*, entre l'Indo-Chine et l'Hindoustan ; le *golfe
d'Oman*, entre l'Hindoustan, l'Arabie et l'Afrique ; les
eaux du golfe d'Oman pénètrent par le détroit d'Ormuz
dans le *golfe Persique*, à l'E. de l'Arabie ; par le *golfe
d'Aden* et le détroit resserré de Bab-el-Mandeb, dans
le *golfe Arabique* ou *mer Rouge*, long et étroit canal
qui sépare l'Arabie de l'Afrique.

A l'O., les limites de l'Asie sont plus irrégulières
encore ; le *canal de Suez*, qui traverse l'isthme de ce
nom, conduit du golfe Arabique dans la Méditerranée
orientale ; puis les côtes d'Asie sont séparées de l'Europe par l'Archipel, la mer de Marmara, la mer Noire ;
la chaîne du Caucase bouche l'isthme considérable

entre la mer Noire et la Caspienne ; enfin le fleuve Oural et les monts Ourals forment la limite mal déterminée de l'Asie et de l'Europe.

§ 60. — RELIEF DE L'ASIE. — ELLE RENFERME CINQ GRANDES RÉGIONS. — LEURS MONTAGNES, LEURS FLEUVES PRINCIPAUX. — PLATEAU CENTRAL.

Les rivages de l'Asie sont donc largement découpés et bordés d'îles assez nombreuses ; mais les mers opposées sont partout éloignées les unes des autres et séparées par les grandes masses des terres asiatiques. Le relief de l'Asie présente cinq parties, cinq régions distinctes, dont voici les traits principaux, les grandes chaînes de montagnes, les grands fleuves.

1° Au centre du continent est un VASTE PLATEAU, entouré de montagnes élevées, composé de vastes plaines de steppes et traversé lui-même par plusieurs chaînes à peu près parallèles. Au N. du plateau central la principale chaîne est celle des *monts Altaï*, formée par de grands plateaux, avec des sommets plats et monotones, couverts de steppes marécageux, avec d'immenses glaciers, mais renfermant de grandes richesses minérales, du fer, du plomb, du cuivre, de l'argent, de l'or, de la houille, etc. Au S. du plateau se dresse l'énorme chaîne de l'*Himalâya*, qui possède les plus hauts sommets du globe (120 dépassent 6,000 mètres ; 40 ont 7,000 mètres ; 17 dépassent 7,500 mètres ; le mont Everest ou Gaurisankar a plus de 8,800 mètres). Cette chaîne, longue de 2,250 kil., large de 250 à 300 kil., dans la direction du N.-O.

au S.-E., se compose de montagnes arrondies, coupées
en tous sens par d'étroites vallées, séparées par des
gorges profondes, renfermant peu de lacs, mais cou-
ronnées de glaciers et de neiges éternelles. Le paysage
est grandiose, mais monotone. — Le centre du plateau est traversé de l'O. à l'E. par des chaînes considérables, dont les sommets sont également très-
élevés, comme les monts *Kouen-loun*, et les monts
Thiân-Chân ou monts Célestes. — Le *plateau du Thibet*, haut de 3,600 à 4,500 mètres, est au S. du plateau central ; le *plateau de Mongolie*, au N.-E., n'a que
1,000 mètres ; le *désert de Gobi*, l'un des plus vastes
et des plus désolés du globe, n'a que 800 mètres ; à
l'O., s'étendent les vastes plaines du Turkestan, arrosées par un assez grand fleuve intérieur, le *Tarim*,
qui se perd dans des marécages. Le climat est excessif ; la chaleur est parfois très-grande, mais pendant
l'hiver qui règne neuf mois il y a jusqu'à 40 degrés de
froid. Le plateau est balayé par des vents violents et
il y tombe peu de pluie.

§ 61. — RÉGION SIBÉRIENNE. — RÉGION DU PACIFIQUE. — MONTAGNES, FLEUVES.

2° La RÉGION SIBÉRIENNE, au N. du plateau central,
présente une vaste plaine, qui descend jusqu'à l'Océan
Glacial, sans accident de terrain. Le climat est très-
rigoureux ; l'hiver dure dix mois, la terre est presque
constamment gelée, et dans plusieurs endroits le ther-
momètre descend à plus de 54 degrés de froid. Cette
plaine est arrosée par de grands fleuves, longs, larges,

aux eaux paresseuses, qui ne conduisent que dans une mer glacée ; l'*Obi* a 3,000 kilomètres de cours, l'*Iénissei*, 3,600 kilomètres, la *Léna*, 3,800. Dans la partie méridionale il y a deux lacs considérables : au S.-O., le lac *Balkhach*, long de 530 kilomètres, ressemble à un immense marécage ; plus à l'E., le lac *Baïkal* a la forme d'un croissant allongé de 850 kilomètres ; ses bords sont escarpés, découpés, pittoresques ; il est très-profond ; l'eau en est très-pure et douce ; il est glacé pendant cinq mois.

3° La RÉGION DU GRAND OCÉAN ou du Pacifique, à l'E. du plateau central, s'étend du cap Oriental sur le détroit de Behring au cap Romania, extrémité méridionale de la longue presqu'île de Malacca, au S.-E. de l'Asie. Elle est accidentée par les montagnes de la Chine et de l'Indo-Chine ; elle est bien arrosée par plusieurs grands fleuves et surtout par l'*Amour*, qui traverse les nouvelles possessions russes du Pacifique ; par les deux beaux fleuves de la Chine, le *Hoang-ho* et le *Yang-tsé-kiang* ou fleuve Bleu ; et par le *Mé-kong* dans l'Indo-Chine. Le Hoang-ho, dont le cours est de 3,500 kilomètres, a des rives plates, déborde souvent et finit par un vaste delta ; — le Yang-tsé-kiang, long de 4,200 kilomètres, large, profond, poissonneux, couvert de barques, est la grande voie du commerce dans l'intérieur de la Chine ; — le Mé-kong, dont le cours supérieur est encore imparfaitement connu, se termine dans la Cochinchine française par un delta aux bras nombreux, fertile, mais malsain. On lui donne 3,500 kilomètres de cours du N. au S

La région du Pacifique, située dans la zone tempérée, a un climat encore froid au N., mais de plus en plus chaud à mesure qu'on avance vers le S.; cependant le climat de la Chine est généralement plus froid que celui des pays de l'Europe, qui sont à la même distance du pôle. Mais c'est l'une des régions les plus riches, les mieux exploitées et les plus peuplées du globe. Cette région du Pacifique comprend aussi une partie insulaire, dans laquelle on remarque surtout les grandes îles qui forment l'empire du Japon. Le climat de ces îles, entourées par la mer et réchauffées par le courant tiède du Kuro-Sivo, est plus doux que celui de la Chine, surtout dans la partie méridionale, et rappelle celui de l'Italie.

§ 62. — RÉGION MÉRIDIONALE. — RÉGION DE L'ASIE ANTÉRIEURE. — MONTAGNES, FLEUVES.

4° LA RÉGION MÉRIDIONALE, ou versant de l'Océan Indien, comprend l'Indo-Chine occidentale, la presqu'île triangulaire de l'Hindoustan et les côtes de la mer d'Oman jusqu'au détroit de Bab-el-Mandeb. Nous avons déjà nommé la vaste chaîne de l'Himalàya, qui domine les plaines de l'Hindoustan septentrional. Trois chaînes beaucoup moins élevées, les monts *Vindhya*, au N., les *Ghâts de Malabar* à l'O., les *Ghâts de Coromandel* à l'E., terminent et soutiennent les trois côtés du grand plateau triangulaire du *Dekkan*, dont la pointe méridionale est au S. le cap Comorin. — Parmi les grands fleuves, tributaires de l'Océan Indien, on doit surtout citer : l'*Iraouaddy*, long de 2,000 kilomètres, qui arrose l'Indo-Chine occidentale; — le *Brahmapoutra*, fleuve impé-

tueux, qui descend très-probablement du plateau du
Thibet, tourne à l'E. le massif de l'Himalàya et finit
dans le golfe du Bengale; — le *Gange*, fleuve sacré
des Hindous, qui prend naissance dans l'Himalàya du
N.-O., traverse, dans son cours de 2,400 kilomètres, la
plaine de l'Inde septentrionale, du N.-O. au S.-E., l'en-
richit de ses eaux et de ses alluvions, est partout navigable jusqu'au pied des montages et finit par un
vaste delta, couvert de marécages pestilentiels; —
l'*Indus* ou *Sind* vient du plateau du Thibet, tourne
vers l'O. le massif de l'Himalàya, a 3,000 kilomètres de
cours, traverse dans sa partie supérieure des pays
fertiles, où il reçoit de nombreux affluents, puis des
contrées presque désertes, pour finir dans le golfe
d'Oman par un delta marécageux de 180 kilomètres de
largeur.

L'*Hindoustan*, situé dans la zone torride, a un climat
chaud, mais tempéré dans beaucoup d'endroits par
l'altitude du sol ou par les brises de mer. C'est, depuis
les temps les plus anciens, l'un des pays les plus
riches en productions de toute sorte, et les plus peu-
plés.

5° LA RÉGION DE L'OUEST ou de L'ASIE ANTÉRIEURE, à
l'O. du plateau central, est très-diverse de configuration et de climat. Elle renferme surtout des plateaux
élevés, des plaines basses, avec des montagnes qui
gênent les communications sans être des barrières in-
franchissables. — *La vaste plaine du Turkestan*, à l'O.
des monts Bolor, fait partie de l'une des grandes dépressions du globe, au fond de laquelle se trouvent la
mer Caspienne et la mer d'Aral. Vers le nord, elle

semble se confondre avec les steppes de la plaine Sibérienne; vers l'ouest elle s'étend jusqu'aux steppes
de la Russie méridionale. Deux fleuves considérables,
l'*Amou-Daria* et le *Syr-Daria*, coulant du S.-E. au N.-O.,
se jettent dans la mer d'Aral. — Le *plateau de l'Iran*,
ou *de la Perse*, au S., forme une sorte de quadrilatère
entouré de montagnes, dont plusieurs sont élevées,
surtout l'*Hindou-kousch*, au N.-E., qui se rattache à l'extrémité S.-O. du plateau central, au nœud remarquable formé par l'Himalâya et le mont Bolor. Ce plateau
n'est arrosé que par de faibles cours d'eau intérieurs
et renferme plusieurs déserts de sable. — A l'O. se
trouve la plaine célèbre de la *Mésopotamie*, arrosée par
le *Tigre*, au cours rapide, et par l'*Euphrate*, fleuve
plus large, plus long, plus navigable; tous deux se
réunissent pour se jeter au fond du golfe Persique. —
Au N. de cette plaine s'élève le *plateau d'Arménie*, que
domine le massif du *mont Ararat*, haut de 5,155 mètres, et fameux dans l'histoire ancienne; il rattache le
plateau de l'Iran au plateau montueux de *l'Asie Mineure*, la presqu'île la plus occidentale de l'Asie, que
traversent en tous sens le *Taurus*, l'*Anti-Taurus*, et
leurs ramifications; d'un autre côté, vers le S.-O., il
se relie par les chaînes du *Liban* et de l'*Anti-Liban* au
plateau de *Palestine*. — L'*Arabie*, au S.-O. de l'Asie, est
dans une situation toute particulière. Cette vaste péninsule quadrangulaire est comme séparée de l'Asie
par des déserts de sable. Des montagnes, de hauteur
médiocre, serrant de près tous ses rivages, l'enveloppent de tous les autres côtés. Aucun fleuve ne l'arrose
et les rivages sont peu favorables à la navigation. Au

delà de ces montagnes cependant, au delà d'une vaste ceinture de sable, il y a, au centre même du pays, des terres fertiles et des populations dignes d'intérêt. Aussi l'Arabie n'est sortie de son obscurité qu'au VII⁰ siècle, lorsque Mahomet, le prophète de l'Islamisme, a réuni les tribus fanatisées de la presqu'île pour les jeter sur le monde civilisé. Après un éclat terrible, mais éphémère, l'Arabie est retombée dans son état de faiblesse, de pauvreté et de divisions.

§ 63. — POPULATIONS DE L'ASIE. — ÉTATS DE L'ASIE
LEURS CAPITALES.

L'Asie est la partie du monde la plus peuplée, sans qu'il soit facile d'évaluer approximativement cette population; on dit qu'elle est de 750 à 800 millions. Une partie appartient à la race blanche; mais la plus grande portion de l'Asie est occupée par les différentes variétés de la race jaune. Voici les principaux pays ou États de l'Asie :

Dans l'Asie antérieure, on trouve les provinces de la *Turquie d'Asie*, avec les villes célèbres de Smyrne, Damas, Beyrouth, Bagdad, Jérusalem; — l'*Arabie*, divisée en beaucoup de parties, avec les villes sacrées des musulmans, la Mecque et Médine; — dans le plateau de l'Iran, l'*empire de Perse*, dont la capitale est Téhéran ; l'*Afghanistan*, villes principales Caboul, Kandahar, Hérat; près de la mer d'Oman, le *Béloutchistan*, dont la ville principale est Kélat; — le *Turkestan* est de plus en plus envahi par les Russes ; l'État encore indépendant le plus important, est le *khanat de Bokhara*.

Les Russes possèdent en outre toute la région septentrionale; Tobolsk est la ville la plus considérable de la *Sibérie*.

L'*Empire Chinois* occupe la plus grande partie du plateau central et de la région du Pacifique; c'est l'État le plus peuplé du monde, puisqu'il a de 400 à 500 millions d'habitants; la capitale est Pékin.

Le *Japon* est un empire insulaire, comme la Grande-Bretagne de notre Europe; il est peuplé de 33 millions d'habitants, laborieux, intelligents, déjà civilisés, avec un gouvernement régulièrement constitué. Les deux capitales sont Miako ou Kioto et Yedo.

L'Indo-Chine est divisée entre plusieurs dominations : l'*empire d'Annam*, à l'E., dont la capitale est Hué ; — la *Cochinchine française*, au S., capitale Saïgon ; — le *royaume de Cambodge*, placé sous le protectorat de la France ; — le *royaume de Siam*, au centre, capitale Bangkok ; — et le *royaume des Birmans*, au N.-O., capitale Mandaleh.

Les Anglais possèdent une partie des côtes occidentales de l'Indo-Chine et étendent leur domination sur la plus grande partie de l'*Hindoustan*, où ils règnent sur 200 millions de sujets. Calcutta est la résidence du vice-roi, qui gouverne l'empire des Indes.

§ 64. — AFRIQUE. — SES BORNES. — RAISONS GÉO-
GRAPHIQUES QUI ONT RETARDÉ LA CONNAISSANCE DE
L'AFRIQUE.

L'AFRIQUE est trois fois plus grande que l'Europe,
dont elle est séparée au N. par la Méditerranée et le
détroit de Gibraltar ; elle est moins étendue que l'Asie,
à laquelle elle était rattachée par l'isthme sablonneux
de Suez ; depuis l'ouverture du grand canal maritime,
long de 160 kilomètres, c'est une île véritable, entre
l'Océan Atlantique à l'O. et l'Océan Indien à l'E. L'A-
frique a 7,500 kilomètres depuis le *cap Blanc* au N.,
jusqu'aux *caps des Aiguilles* et *de Bonne-Espérance* au
S. ; elle a 7,000 kilomètres de largeur, depuis le *cap
Vert* à l'O., jusqu'au *cap Guardafui* à l'E. Elle est à
peu près coupée par l'Équateur ; la plus grande moitié
est dans l'hémisphère boréal. Sa superficie est d'environ 30,000,000 de kilomètres carrés ; on ne peut
dire exactement quelle est sa population : on l'évalue
de 130 à 150 millions d'habitants ; ce qui est beaucoup.

L'Afrique n'est pas encore complétement explorée ;
les anciens ne connaissaient que la partie septentrionale baignée par la Méditerranée ; les Portugais, depuis le voyage célèbre de Vasco de Gama, en 1497,
puis les navigateurs des autres peuples, en décou-
vrirent tous les rivages ; mais c'est seulement au
XIXᵉ siècle que d'intrépides voyageurs ont pénétré, au
prix des plus grandes souffrances, dans les différentes
parties intérieures de ce continent. Leurs efforts ont été
couronnés de succès, quoiqu'il reste encore à décou-

vrir ; mais les régions de l'Afrique, restées en blanc
sur nos cartes, diminuent chaque jour, et déjà une
vaste société européenne se forme, sous d'illustres pa-
tronages, pour achever la reconnaissance de l'Afrique
et conquérir ses populations à la liberté et à la civilisation.

Si l'Afrique a été pendant si longtemps fermée aux
investigations du génie européen, cela tient à bien
des causes, mais surtout à la nature de sa géographie
physique.

65. — GÉOGRAPHIE PHYSIQUE DE L'AFRIQUE. — MERS, RIVAGES.

C'est une masse compacte, entourée par des mers
orageuses et redoutables dans le voisinage des côtes.
Les caps assez nombreux ressemblent presque tous à
des écueils dangereux et ne sont pas, comme dans
beaucoup d'autres régions, les extrémités de longues
presqu'îles, si favorables aux communications. Entre
ces caps s'étendent des rivages, rocailleux et inabor-
dables, comme ceux du Sahara, si féconds en naufra-
ges ; bas et sablonneux, comme ceux de la Méditerranée orientale ; bas, marécageux et malsains,
comme ceux de la plus grande partie de l'Afrique, à
l'exception des côtes de la région de l'Atlas, au N.-O.,
et des colonies anglaises du Cap et de Natal, au S. —
Ces rivages, fort peu découpés, ont peu de golfes véritables : au N., les golfes de *la Sidre* et de *Cabès*, sur
la Méditerranée, sont encore évités par les navigateurs ; à l'O., l'immense golfe de *Guinée* est plutôt une

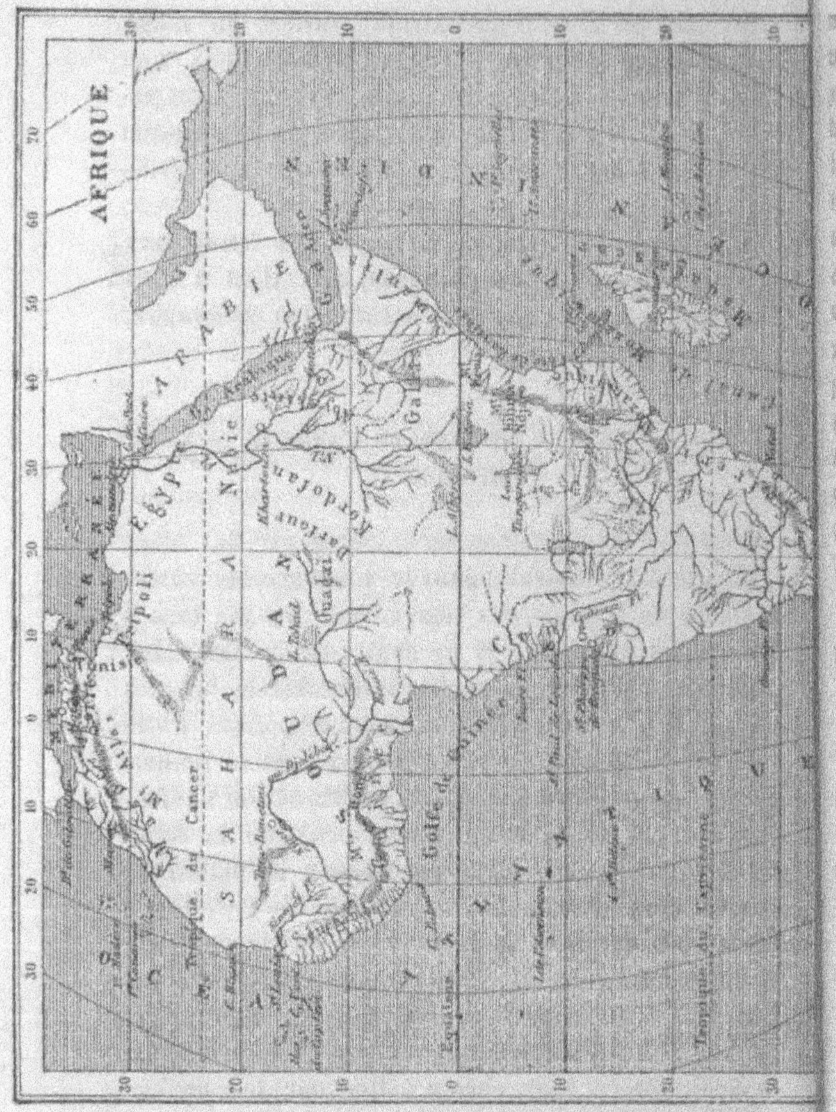

AFRIQUE
MER MÉDITERRANÉE
ARABIE
ÉGYPTE
Nubie
SAHARA
Tunis
Tripoli
Tropique du Cancer
Darfour
Kordofan
Ouaday
Golfe de Guinée
Tropique du Capricorne

mer ouverte, où de longs calmes tiennent les navires
enchaînés sous un ciel brûlant et orageux ; à l'E., le
golfe d'Aden, aux rives inhospitalières, donne entrée à
la *mer Rouge*, par le détroit de *Bab-el-Mandeb*, que les
Arabes appellent la *Porte de la Mort*; et le *golfe Arabique* lui-même, si allongé entre l'Afrique et l'Arabie,
est bordé d'écueils des deux côtés, presque sans ports,
exposé à une chaleur étouffante. — L'Afrique n'a pas
autour de ses rivages ces îles nombreuses qui partout
ailleurs favorisent le commerce et les relations des
peuples entre eux. — Les côtes, d'un abord difficile,
sont presque partout malsaines, à cause du mélange
de la chaleur et de l'humidité, principes de fièvres
qui sont souvent mortelles. — Enfin, les fleuves, relativement peu nombreux, n'offrent pas de routes faciles pour pénétrer dans l'intérieur des terres.

§ 66. — FLEUVES DE L'AFRIQUE; LEURS CARACTÈRES. MONTAGNES.

En effet, les plus grands fleuves, le *Nil*, qui se jette
dans la Méditerranée, au N.-E. ; le *Djoliba*, *Kouarra* ou
Niger, qui se jette dans l'Atlantique, à l'O. ; le *Zambèze*,
qui se jette dans l'Océan Indien, à l'E., et les autres
fleuves, encore moins connus, ou moins considérables,
le *Sénégal*, la *Gambie*, l'*Ogoway*, le *Zaïre* ou *Congo*, etc.,
qui finissent dans l'Atlantique, offrent les plus grands
obstacles à la navigation, des barres ou des deltas
marécageux obstruent leurs embouchures; des cataractes s'étagent sur leur cours, des écueils sont jetés
dans leur lit, ou des marécages, comme ceux du Nil

supérieur, arrêtent les plus intrépides explorateurs. Tous ces fleuves sont soumis à des crues périodiques ; aussi, tantôt ils ont le caractère de torrents ; tantôt, pendant la sécheresse, les eaux sont trop basses. Puis les bassins de ces fleuves n'ont pas de ceinture nettement déterminée ; ils ne reçoivent pas ces nombreux affluents qui recueillent régulièrement les eaux et portent ailleurs la fécondité. Cela tient surtout au relief de l'Afrique intérieure.

Les chaînes de montagnes sont, en effet, peu éloignées de la mer et ont généralement une direction parallèle au rivage : au N., le massif de l'*Atlas* ; à l'O., les *montagnes* de la *Sénégambie* et de *Kong*, qui suivent assez exactement le contour du golfe de Guinée ; au S.-O., les chaînes encore peu connues *du Congo* ; au S., les monts *Nieuweveldt* ; à l'E., en allant du S. au N., les monts *Draken-Berg* et *Lupata*, puis la chaîne du *Zanguebar* où s'élèvent, dans le voisinage de l'Équateur, le *Kilima-Ndjaro*, haut de 6,160 mètres, et le mont *Kenia* ; enfin le plateau montagneux d'Abyssinie, auquel on peut rattacher les *chaînes Libyque et Arabique*, qui encaissent la vallée du Nil. — Dans beaucoup d'endroits, les fleuves venant de l'intérieur sont forcés de se faire jour à travers les montagnes en formant des cataractes ; dans d'autres endroits, les eaux restent dans l'intérieur et donnent naissance à ces lacs nombreux qui sont l'un des traits remarquables du continent africain. Ainsi, au delà de la ceinture de montagnes suivant les côtes, l'Afrique se compose de plateaux plus ou moins élevés, les uns arrosés par le cours supérieur des grands fleuves, les autres renfermant des lacs : *région des grands lacs* ou du Nil supérieur ; *région du lac Tchâd* ; région des *lacs* (chotts ou sebkhas) du *Sahara ; région du lac N'gami,* dans l'Afrique australe ; ou bien encore formant de vastes déserts sans eau : au N., le *Sahara ;* au S., le *désert de Kalahari* et les *Karrous* du pays des Hottentots et de la colonie du Cap.

On doit encore remarquer que l'Afrique est en général privée d'eau. Elle renferme peu de ces hautes montagnes couvertes de neiges et de glaciers d'où sortent les grands fleuves dans les autres régions ; de plus les courants atmosphériques, saturés de cette vapeur d'eau qui produit les nuages et l'humidité, pénètrent peu dans l'intérieur du continent ; les vents alizés s'écartent des rivages de l'O. ; les moussons de la mer des Indes soufflent parallèlement à la côte ; de là la rareté des pluies dans beaucoup de parties de l'Afrique ; de là ces sécheresses qui désolent de vastes contrées où la terre serait naturellement fertile.

§ 67. — LE NIL. — LE NIGER. — LE ZAÏRÉ. — LE ZAMBÈZE.

LE NIL, ce grand fleuve, dont les sources mystérieuses ont été depuis si longtemps recherchées et ne sont pas encore toutes connues, vient de l'Afrique intérieure, du pays des grands lacs, aux environs de l'Équateur, et coule presque en ligne droite, du S. au N., sur une longueur de plus de 6,000 kilomètres. En venant de la côte orientale, des voyageurs anglais, Grant et Speke, ont découvert sur un plateau assez élevé, un vaste bassin dont le fond est formé par deux grands lacs ; du premier, le *Victoria-Nyanza*, de forme triangulaire, situé au S. de l'Équateur, un fleuve déjà considérable, le *Kari* ou *Somerset-River*, se dirige par plusieurs chutes vers un autre lac, situé au N.-O., l'*Albert-Nyanza*, qui se déverse au N. par le *Bahr-el-Abiad* ou *Nil Blanc*. C'est assurément l'une des grandes sources du fleuve ; peut-être en a-t-il d'autres, comme le *Bahr-el-Ghazal*, qui paraît recueillir une partie des eaux venant de l'Afrique intérieure, au S.-O. Le Nil, dans sa partie supérieure, reçoit quelques affluents, et surtout à droite, le *Bahr-el-Azrèk* ou *Nil Bleu* et l'*Atbarah* ou *Tacazzé*, qui viennent d'Abyssinie. Dans sa partie inférieure, de plus en plus resserré entre deux chaînes très-voisines, il n'a pas un seul affluent et ses eaux diminuent ; il se termine dans la Méditerranée par un vaste delta, qui a 200 kilomètres à sa base. Les eaux du fleuve sont entretenues par les pluies tropicales, qui tombent régulièrement au sud du 18° lat. N. ; c'est ce qui amène la crue du Nil à des époques déterminées ; de juin à octobre en Egypte, le fleuve déborde et dépose alors son limon fécondant dans toute la vallée inférieure.

A l'O. de l'Afrique, on trouve le vaste bassin du grand fleuve, que les Européens appellent toujours le NIGER, auquel les indigènes donnent le nom de Kouarra, Djoliba, etc. Il vient du versant septentrional des montagnes de Kong, se dirige au N.-E. jusque dans le voisinage de la ville célèbre de Tem-Bouktou ; puis, formant une demi-circonférence, il redescend

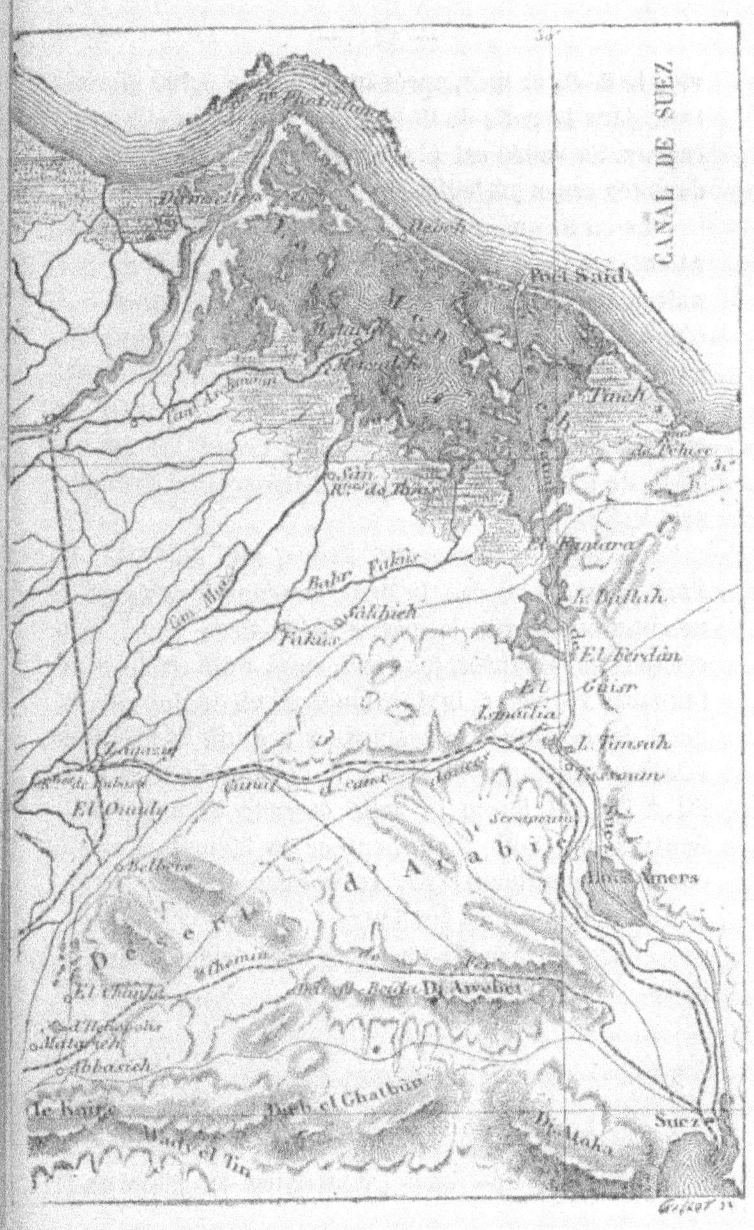

CANAL DE SUEZ
Damiette
Port Saïd
Tineh
de Péluse
El Qantara
L. Ballah
El Ferdân
El Guisr
Ismaïlia
L. Timsah
Toussoum
Serapeum
Lacs Amers
Désert d'Arabie
Dj. Attaka
Suez
Darb el Ghatbûn
Wadi el Tih
Le Kaire
Abbasieh
Matarieh
Heliopolis
El Charga
Belbeis
El Ouady
Rhode el Zahar
Zagazig
Gurat
Seane
Benha
Salehieh
Fakûs
Bahr Fakûs
San Rs. de Thris
Matarieh
Mansûrah
Tell el Kebir
Loukanova
Simbellaovin

vers le S.-O. et finit, après un cours de 3,700 kilomètres, dans le golfe de Guinée par un vaste delta marécageux. Sa vallée est plate, fertile et inondée au loin dans les crues périodiques.

Plus au S. un grand fleuve débouche dans l'Océan Atlantique ; c'est le *Zaïre* ou *Congo*, dont on ne connaît assez bien que la partie inférieure, mais qui, d'après les indications d'un intrépide voyageur anglais, le commandant Cameron, pourrait bien recueillir les eaux d'une partie de l'Afrique intérieure, et communiquer avec le Tanganyika, grand lac allongé au S. de l'Équateur, à quelque distance des lacs d'où sort le Nil.

Le ZAMBÈZE est un grand fleuve, qui finit à l'E. de l'Afrique dans l'Océan Indien. Pendant longtemps on ne connaissait que la partie inférieure ; mais, dans ces dernières années, tout son cours a été exploré par l'illustre voyageur Livingstone. Il vient des montagnes de la Guinée inférieure, à peu de distance de l'Océan Atlantique et traverse l'Afrique australe de l'O. à l'E. ; il forme la belle cascade Victoria, où le fleuve se précipite d'une hauteur de 30 mètres, reçoit entre autres affluents, par sa rive gauche, le Chiré qui sert d'écoulement au lac Nyassa, long de 300 kilomètres et se jette dans la mer par cinq bouches principales.

§ 68. — RÉGIONS ET ÉTATS DE L'AFRIQUE BORÉALE.

On peut diviser l'Afrique en deux grandes parties que séparerait une ligne (montagnes ou plateaux ?)

Cataracte du Zambèze.

menée du golfe de Guinée au cap Guardafui ; au N. de cette ligne est l'*Afrique boréale*, qui a la forme d'un trapèze irrégulier ; au S. de cette ligne est l'*Afrique australe*, qui est une sorte de triangle.

L'Afrique boréale comprend quatre régions distinctes : la région montueuse de l'Atlas au N.-O. ; la région des déserts et des oasis ou Sahara, qui s'étend de l'Atlantique à la mer Rouge ; le Soudan ou pays des nègres, auquel on peut rattacher la Sénégambie à l'O., qui en est la partie montagneuse, et la Guinée au S.-O., qui en est la partie maritime ; enfin la longue et étroite vallée du Nil, au N.-E.

La RÉGION MONTUEUSE DE L'ATLAS, au N.-O. de l'Afrique, constituée surtout par la chaîne de l'Atlas, parallèle à la Méditerranée, renferme l'empire musulman de *Maroc*, plus étendu que la France, et peuplé de 8 millions d'habitants ; la capitale est Maroc ; — l'*Algérie*, belle possession de la France ; capitale Alger ; — la *Tunisie* ou régence de Tunis, gouvernée par un bey, vassal du sultan de Constantinople ; la capitale est Tunis.

La RÉGION SABLONNEUSE DU SAHARA comprend le pays de *Tripoli*, qui est une province de l'empire Ottoman, sur la Méditerranée ; il n'est composé que de vastes oasis et a pour capitale Tripoli ; — le *Sahara* proprement dit, immense étendue de terres désolées, sans limites bien déterminées, de l'Atlantique au bassin du Nil. On y rencontre de vastes mers de sable où la chaleur et la sécheresse sont extrêmes, avec quelques oasis, habitées par des tribus de Berbères, musulmans de religion, pour la plupart pasteurs, marchands et pillards ; — plus au S., est la grande région appelée SOUDAN, TAKROUR, c'est-à-dire pays des nègres ; c'est en général une plaine basse, fertile, peuplée, qui n'a été véritablement reconnue que de nos jours ; elle s'étend à l'E. jusqu'au bassin supérieur du Nil, renferme au centre le lac Tchâd, vaste marécage long de 320 kilomètres, et à l'O., le bassin du Niger. Le Soudan est divisé en un grand nombre d'États, assez mal constitués, où les populations noires ont été soumises aux Fellatah musulmans. Le pays est fertile, on y trouve des villes dont la plus célèbre, mais non pas la plus peuplée, est Tem-Bouktou.

La *Sénégambie*, à l'O., peut être considérée comme la partie occidentale et montueuse du Soudan ; elle doit son nom aux deux fleuves qui l'arrosent, le Sénégal et la Gambie ; elle est fertile, peuplée de noirs ; les Français, les Anglais et les Portugais ont des établissements sur les côtes ; le chef-lieu des possessions françaises est Saint-Louis. — La *Guinée* est la portion maritime du Soudan, le long des côtes du golfe de Guinée. C'est un pays fertile, mais chaud et malsain, depuis longtemps exploité par les Européens ; les Anglais ont d'assez nombreux comptoirs sur les côtes ; l'intérieur est occupé par plusieurs royaumes de nègres grossiers et féroces, dont les principaux sont ceux des Ashantis et de Dahomeh.

Au N.-E. de l'Afrique, LA LONGUE VALLÉE DU NIL est maintenant presque entièrement possédée par le vice-roi d'Egypte ou Khédive, vassal du sultan de Constantinople à peu près indépendant. Elle comprend l'*Egypte*, toujours fertile comme aux temps anciens, toujours célèbre par les monuments de l'une des civilisations les plus antiques, avec sa grande capitale, le Caire, peuplée de 350,000 habitants, et son grand port sur la Méditerranée, Alexandrie, peuplé de 220,000 habitants. En remontant le Nil, les dépendances de l'Égypte sont la *Nubie* et le *Soudan égyptien*, dont le chef-lieu est Khartoum, près du confluent du Nil Blanc et du Nil Bleu; puis le *Kordofan*, le *Dâr-Four*, à l'O. du Nil, et les contrées encore à peine reconnues qui s'étendent jusqu'aux grands lacs.

À l'E. du Nil est l'*Abyssinie*, haute terre granitique, à peu près grande comme la France, arrosée par le Nil Bleu, assez fertile, dominée par des peuples d'origine éthiopienne, qui ont été convertis au christianisme depuis le IVe siècle, mais qui sont encore barbares et toujours livrés à l'anarchie et aux guerres civiles.

§ 69. — RÉGIONS ET ÉTATS DE L'AFRIQUE AUSTRALE.

L'Afrique australe, au S. de l'Équateur, comprend la région la plus méridionale de cette partie du monde : — le grand bassin du Zambèze, en y rattachant, à l'O., la Guinée inférieure ou Congo ; à l'E., le pays de Mozambique ; — la Haute-Afrique, dont une partie seulement commence à être imparfaitement visitée.

Les Anglais possèdent la *colonie du Cap*, dont plusieurs portions sont assez fertiles et qui s'étend au N. jusqu'au fleuve Orange ; la capitale, Le Cap, est une relâche importante et le centre d'un commerce actif ; ils ont, plus à l'E., la *colonie de Natal*, sur l'Océan Indien, et s'étendent sur le vaste pays des Cafres, variété de la race noire, divisés en beaucoup de tribus. C'est dans leur pays que des colons hollandais ou Boërs ont fondé les deux petits États de la *Rivière-Orange* et de *Transvaal*, qui doivent être réunis à la colonie du Cap.

Le *bassin du Zambèze* est habité par de nombreuses tribus, de mœurs assez douces; le fleuve sépare les tribus de la famille cafre au S. des tribus nègres proprement dites au N.

A l'O., sur les côtes de l'Atlantique, sont les peuples nègres du *Congo* ou de la *Guinée inférieure*, la plupart sauvages et abrutis, formant plusieurs petits royaumes, sur lesquels les Portugais ont étendu leur domination souvent nominale. — Ils sont également maîtres de la côte orientale sur l'Océan Indien; c'est ce qu'on nomme la *Capitainerie de Mozambique*, au N. et au S. de l'embouchure du Zambèze.

La *Haute-Afrique*, au N. du bassin du Zambèze, commence à être un peu connue, grâce aux explorations de Livingstone, parti du Zambèze, grâce à celles de Burton, Stanley, Cameron, partis de la côte orientale. Sur cette côte, en allant du S. au N., on trouve les possessions du sultan de *Zanzibar*, dont la capitale est un excellent port dans la petite île de ce nom; puis le pays des *Somaulis* et celui des *Danakils*, qui touchent à l'Abyssinie. En s'éloignant de la côte, on traverse la chaîne qui renferme les sommets très-élevés du Kilima-Ndjaro et du Kenia, et on rencontre les pays qui entourent le lac Tanganyika et d'autres lacs plus petits, soit à l'E., soit à l'O.; ils sont assez

fertiles, assez malsains et habités par de nombreuses
tribus de nègres, qui paraissent moins abrutis que
ceux du Congo.

§ 70. — LES ILES DE L'AFRIQUE.

Les îles, qui se rattachent au continent africain
sont :

Dans l'Océan Atlantique : l'archipel des AÇORES, qui
est en réalité plus près du Portugal, auquel il appartient, que de la côte du Maroc ; — le groupe de MADÈRE,
également aux Portugais, peuplé de 115,000 habitants,
dont la capitale est *Funchal*; — l'archipel des CANA-
RIES, aux Espagnols, où l'on remarque le pic de Téné-
riffe, peuplé de 270,000 habitants, dont la capitale est
Sainte-Croix; — l'archipel du CAP-VERT, aux Portugais, peuplé de 70,000 habitants, dont la capitale est
Puerto-Praya; — les îles du golfe de Guinée, *Fernando-
Po* et *Annobon* aux Espagnols, l'île *du Prince* et *Saint-
Thomas* aux Portugais; — plus loin des côtes, au
milieu de l'Océan, les deux petites îles de l'*Ascension*
et de *Sainte-Hélène*, qui appartiennent aux Anglais.

Dans la mer des Indes :

La grande île de MADAGASCAR, séparée du continent
par le *canal de Mozambique*, a 1,400 kilomètres du N.
au S., et de 400 à 480 kilomètres de largeur. C'est l'une
des grandes îles du monde, aux côtes malsaines, avec
une masse centrale de montagnes granitiques ; elle est
fertile, cultivée, renferme de beaux pâturages, et est
peuplée de 3 à 5,000,000 d'habitants, Malgaches, Saka-
laves, et surtout Hovas, peut-être d'origine malaise

qui, établis sur les plateaux de l'intérieur, où est leur capitale *Tananarivou*, ont étendu leur domination sur presque toute l'île. Les Français, qui ont plusieurs fois essayé de coloniser Madagascar, conservent au N.-E. la petite île *Sainte-Marie*; ils ont encore plusieurs îles, comme *Nossi-Bé*, au N.-O., et *Mayotte*, dans le groupe des *Comores*, situé au N. du canal de Mozambique. — A l'E. de Madagascar sont les îles MASCAREIGNES : LA RÉUNION ou BOURBON, peuplée de 210,000 habitants; capitale *Saint-Denis*, à la France; — l'ILE MAURICE ou ILE DE FRANCE, aux Anglais, peuplée de 320,000 habitants, colonie florissante, produisant beaucoup de sucre, ayant pour capitale l'excellent *Port-Louis*; — *Rodrigue*, petit îlot aux Anglais. — Au N. de Madagascar, sont les groupes des *Amirantes* et des *Seychelles*, dont la principale est *Mahé*; elles appartiennent à l'Angleterre; enfin SOCOTORA, à l'E. du cap Guardafui, est plus considérable, mais aride, sans eau, sans végétation et presque sans population.

CHAPITRE VII

L'Amérique septentrionale et l'Amérique méridionale. —
Montagnes, fleuves. — Grandes régions, — États.

§ 71. — L'AMÉRIQUE : SITUATION. — GRANDES DIVISIONS.

L'AMÉRIQUE, qu'on appelle encore le Nouveau Monde,
le nouveau continent, s'étend dans la direction du N.
au S., entre l'Océan Atlantique, qui la sépare de l'Europe et de l'Afrique à l'E., et le Grand Océan à l'O.;
elle touche presque à l'Asie vers le N.-O., à l'endroit
où le détroit de Behring unit le Grand Océan à l'Océan
Glacial arctique, et les îles Aléoutiennes sont comme
les piles d'un pont qui joindrait les deux continents.
— L'Amérique a une longueur de 14,000 kilomètres
environ. Elle comprend deux parties, de forme triangulaire, réunies par l'isthme de Panama, entre lesquelles est une mer intérieure, la mer des Antilles et
le golfe du Mexique. L'Amérique septentrionale et
l'Amérique méridionale sont à peu près d'égale étendue; avec les îles qui en dépendent, elles ont environ
40,000,000 de kilomètres carrés, c'est-à-dire la superficie de l'Afrique et de l'Europe réunies. Toutes deux

se terminent en pointe vers le S.; ont leurs terres élevées, leurs chaines de montagnes, à l'O., près du Grand
Océan; leurs vastes plaines, inclinées à l'E. vers
l'Atlantique. L'Amérique du Nord rappelle l'Europe;
l'Amérique du Sud rappelle l'Afrique. On donne souvent le nom d'Amérique centrale à la longue bande
de terre, qui s'étend entre l'isthme de Téhuantépec et
l'isthme de Panama, ainsi qu'aux îles nombreuses,
situées entre les deux Amériques.

§ 72. — AMÉRIQUE SEPTENTRIONALE. — SES BORNES. — TERRES ARCTIQUES.

L'AMÉRIQUE SEPTENTRIONALE, comme l'Europe, mais
à un moindre degré, a des côtes développées : au N.,
l'*Océan Glacial*, avec ses îles nombreuses, les Terres
Arctiques ou Polaires, forme la vaste mer d'Hudson ;
— à l'O., l'*Atlantique* forme le golfe presque fermé
du Saint-Laurent et des baies nombreuses sur la côte
des Etats-Unis jusqu'à la presqu'île de Floride, avec
des îles importantes, comme Terre-Neuve ; — au S.,
le *golfe du Mexique* est comme une mer intérieure;
entre les presqu'îles de Floride et du Yucatan ; — à l'O.,
le *Grand Océan* forme le golfe étroit et allongé de Californie ; plus au N., le rivage est dentelé comme celui
de Norvége, avec des îles nombreuses, puis se
rapproche de l'Asie par la longue presqu'île d'Alaska.
Les TERRES ARCTIQUES sont séparées du continent
américain par une suite de détroits toujours glacés,
qui forment ce qu'on nomme le *passage du Nord-
Ouest* ; il a été reconnu depuis 1853, mais il est im-

praticable. Ces îles désolées sont toujours couvertes de neiges et de glace ; la plus grande de toutes est le *Groënland*, découvert dès le XIe siècle par les Norvégiens et les Danois établis en Islande (l'Islande, possession du Danemark, appartient aux terres américaines plutôt qu'à l'Europe) ; le Groënland est une terre immense, d'origine volcanique, dont on ne connaît pas l'étendue vers le nord, couverte de montagnes et de glaciers impraticables.

De hardis navigateurs ont cherché et cherchent encore, à l'O. du Groënland, une route qui conduirait vers le pôle Nord ; ils sont arrivés jusque vers le 83° degré de latitude Nord ; c'est à peu près la limite extrême que l'on a atteinte, en s'avançant par la route qui est entre le Groënland et l'Europe, où l'on a récemment découvert, au delà de l'*archipel du Spitzberg*, le nouvel archipel de l'*Empereur François-Joseph*.

§ 73. — RELIEF DES TERRES. — MONTAGNES. — RÉGION ORIENTALE.

Dans l'Amérique septentrionale les plaines ont d'immenses étendues ; les plateaux élevés sont relativement peu nombreux ; les montagnes ne dominent pas. — Le relief des terres est surtout déterminé par un vaste plateau, très-allongé du N. au S., dans le voisinage du Grand Océan ; ordinairement large de 400 à 600 kilomètres, il a vers le milieu du continent 1,600 kilomètres. Il est soutenu par deux chaînes principales : l'une littorale, venant de la presqu'île d'Alaska

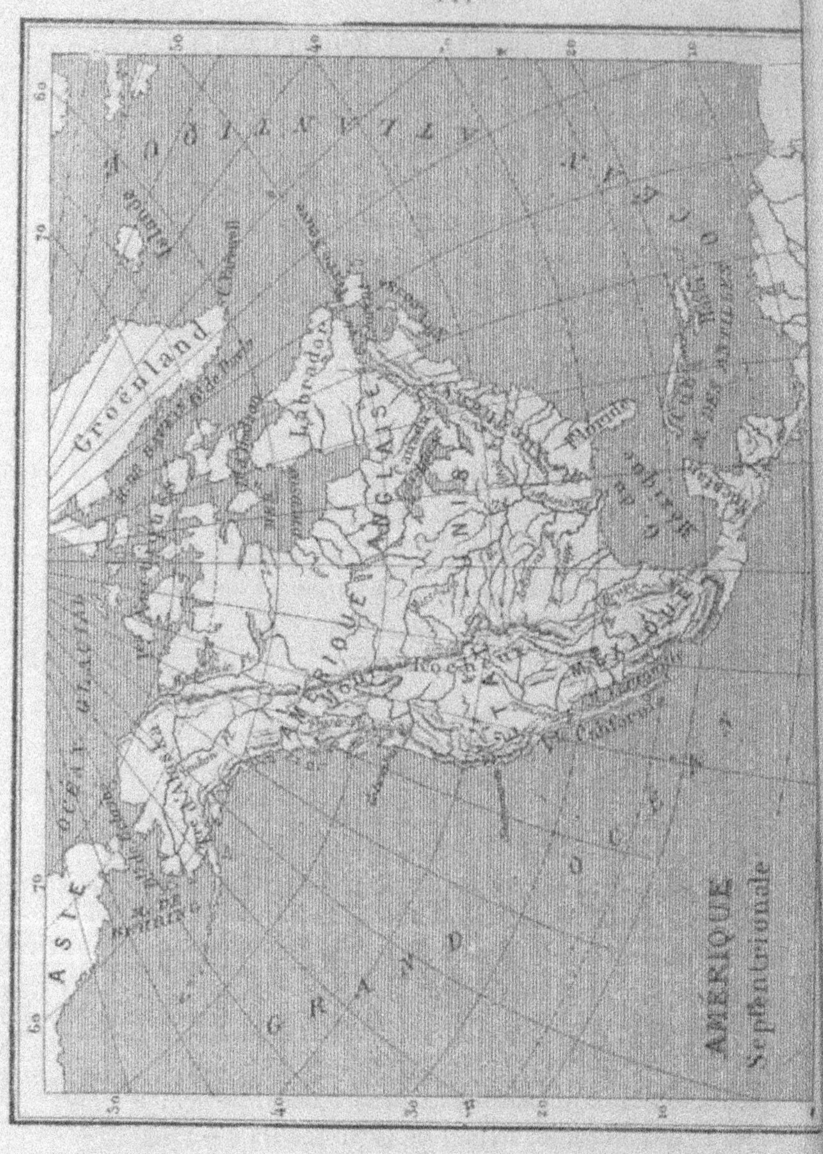

ASIE
Groenland
Islande
OCÉAN GLACIAL
OCÉAN ATLANTIQUE
Labrador
AMÉRIQUE ANGLAISE
Floride
Golfe du Mexique
Iles Antilles
MEXIQUE
Monts Rocheux
GRAND OCÉAN
M. DE BEHRING
AMÉRIQUE
Septentrionale

renferme le mont Saint-Elie, volcan haut de 5,115 mètres ; l'autre, plus à l'E., plus épaisse, avec des sommets souvent élevés, porte le nom général de *montagnes Rocheuses* ; elle renferme de belles forêts et surtout des pins magnifiques.

A l'E. de ces montagnes s'étendent des plaines immenses jusqu'aux *monts Alléghanys*, voisins des rivages de l'Atlantique, sorte de plateau accidenté, long de 1,800 kilomètres, large de 200 à 250, riche en mines, couvert de forêts, fertilisant des eaux qui en découlent les terres les plus belles des États-Unis.

Ces montagnes déterminent les grandes régions de l'Amérique septentrionale :

1º La RÉGION ORIENTALE, entre les Alléghanys et l'Atlantique, est arrosée par beaucoup de fleuves, presque parallèles, d'une longueur médiocre, mais larges, profonds, navigables, le Connecticut, l'Hudson, le Delaware, etc. C'est là que les Anglais fondèrent leurs premières colonies au XVIIᵉ siècle.

§ 74. — RÉGION CENTRALE : LE MISSISSIPI.

2º La RÉGION CENTRALE, entre les Alléghanys et les monts Rocheux, est principalement arrosée par le Mississipi et ses nombreux affluents. Le bassin de ce grand fleuve se compose de vastes plaines, d'une pente presque insensible, bien arrosées. La partie orientale, entre le Mississipi et les Alléghanys, est maintenant défrichée, fertilisée, peuplée et civilisée ; à l'O. du fleuve, des États prospères se sont formés le long de ses rives ; puis la *Prairie*, le *Far-West* des Américains, s'ouvre à de nombreux pionniers, qui remplacent l'Indien et le chasseur de buffles ; les routes se multiplient et devancent même les cultures et les villes ; un chemin de fer traverse de l'E. à l'O. tout le bassin, s'élève sur le plateau des monts Rocheux et conduit les voyageurs, les émigrants, la civilisation, jusqu'aux bords du Grand Océan.

Le MISSISSIPI a ses sources au lac Itasca, dans une région peu élevée, à demi-inondée ; il a plus de 5,000 kilomètres de cours, du N. au S., roule ses eaux troublées dans une large plaine d'alluvions, formant des îles nombreuses, charriant des arbres immenses, et se terminant dans le golfe du Mexique par un delta, qui s'allonge sans cesse, coupé de canaux qui se déplacent souvent au milieu de terres basses, fangeuses, foyer principal de la fièvre jaune. Parmi ses nombreux et vastes affluents on doit remarquer sur sa rive droite le *Missouri*, que plusieurs regardent comme le fleuve principal, à cause de l'abondance de ses eaux et de la longueur de son cours ; il vient des monts Rocheux, roule ses eaux bourbeuses à travers des gorges profondes, des chutes, des rapides et a 3,700 kilomètres. Sur la rive gauche est l'*Ohio*, la belle rivière, qui, avec ses nombreux affluents, arrose l'une des parties les plus fertiles des États-Unis.

§ 75. — RÉGIONS DU NORD ; — DES GRANDS LACS ; — DE L'OUEST.

8° La RÉGION SEPTENTRIONALE, à peine séparée de la précédente par quelques ondulations de terrain, est une vaste plaine, basse, marécageuse, stérile, où les fleuves coulent lentement et sont souvent glacés, comme en Sibérie, formant des lacs nombreux et étendus, et communiquant facilement entre eux ; les plus grands de ces fleuves sont l'Athabasca ou Mackenzie, qui finit dans l'Océan Glacial, et le Saskatchawan ou Nelson, tributaire de la baie d'Hudson.

4° Entre les trois régions précédentes se trouve le bassin plus resserré des GRANDS LACS, comprenant la plus grande masse d'eaux douces qu'il y ait sur le globe. Les grands lacs sont comme une mer intérieure, aux rivages très-découpés, qui s'écoulent l'un dans l'autre de l'O. à l'E., lacs Supérieur, Huron, Michigan, Erié, Ontario, formant des rapides et la grande chute du Niagara. Du lac Ontario sort le *Saint-Laurent*, beau fleuve de 1,200 kilomètres de cours, très-large, malheureusement embarrassé par les glaces pendant six mois, et finissant dans le golfe du Saint-Laurent, souvent couvert d'épais brouillards.

5° LA RÉGION DES HAUTS PLATEAUX DES MONTAGNES ROCHEUSES se distingue par l'altitude des terres, par le climat qui est plus froid et par la rareté des pluies, cause de grandes sécheresses. Au N., les plateaux sont encore couverts de prairies et de forêts; mais le plateau du *Grand-Bassin* ou *désert d'Utah* n'est presque qu'une surface d'argile, avec des champs de sel cristallisé et des arbres épineux; plus au S., le plateau où coule le Colorado est également aride. Cependant, au milieu des montagnes, il y a des parties plus fertiles et de grandes richesses minérales, qui commencent à être exploitées par les plus aventureux des pionniers.

Cataracte du Niagara.

6° LE VERSANT DU GRAND OCÉAN, à l'O., a un climat généralement doux, tempéré par les brises de la mer, surtout dans les parties moyenne et méridionale. Il est arrosé par de beaux fleuves, le *Frazer*, *l'Orégon* ou *Columbia*, le *Sacramento*, etc. Il renferme des forêts magnifiques, de fertiles vallées, et les richesses végétales semblent au moins égaler les richesses minérales de la célèbre Californie.

§ 76. — RÉGION DU MEXIQUE.

7° Au S.-O. de l'Amérique septentrionale, le MEXIQUE peut être considéré comme formant une dernière région. Il comprend un vaste plateau, qui est comme l'épanouissement méridional des monts Rocheux. Elevé de 1,200 à 2,300 mètres, large au N. de 1,000 kilomètres, de 180 vers le S., il est traversé par une ligne de sommets volcaniques : pic d'Orizaba, Coffre de Pérote, Popocatepelt, etc. Les côtes du golfe du Mexique et du Grand Océan sont généralement basses, sablonneuses et malsaines : c'est la région des *Terres chaudes*, très-fertiles; mais désolées par la fièvre jaune; les *Terres tempérées* sont sur les pentes du plateau ; les *Terres froides* en occupent la plus grande partie ; le climat est sain, mais les sécheresses sont fréquentes et il y a peu de cours d'eau ; de grands espaces restent encore déserts, faute de communication. Les richesses minérales de cette région sont depuis longtemps célèbres.

§ 77. — ÉTATS DE L'AMÉRIQUE SEPTENTRIONALE. — LES ÉTATS-UNIS. — LE MEXIQUE.

L'Amérique septentrionale renferme deux grands États : la république des États-Unis et la république du Mexique.

La République des États-Unis, qui s'étend d'une mer à l'autre, a 9,354,296 kilomètres carrés, en y comprenant le Territoire d'Alaska, l'ancienne Amérique russe, au N.-O. du continent, c'est-à-dire que la superficie est 18 fois celle de la France. C'est une république fédérative, composée de 39 États et de 9 Territoires, peuplée surtout par les émigrations venues d'Europe, principalement des îles Britanniques et de l'Allemagne, de 40 millions d'habitants. Les Indiens sauvages, qui erraient dans ces vastes contrées, ont presque entièrement disparu : on n'en compte plus que 300,000. La capitale fédérale est *Washington*, siège du gouvernement ; mais il y a beaucoup de villes plus importantes par leur industrie, leur commerce et leur population : Philadelphie, Saint-Louis, Chicago, Baltimore, Boston, Cincinnati, la Nouvelle-Orléans, San-Francisco, etc., et surtout *New-York*, la plus grande ville de toute l'Amérique, pleuplée de 1,600,000 habitants, port magnifique, dont le commerce est immense.

Le Mexique est aussi une république fédérative, renfermant 27 États et 2 Territoires. Sa superficie est de 1,921,000 kilomètres carrés ; la population dépasse 9 millions d'habitants, dont 1 million de blancs d'origine espagnole, plus de 5 millions d'Indiens et plus de 2 millions de métis. La capitale est *Mexico*, belle ville de 230,000 âmes, sur le plateau.

§ 78. — POSSESSIONS ANGLAISES ; — DANOISES.

Les Anglais possèdent tout le nord de l'Amérique septentrionale, vaste étendue de terres, dont la plus grande partie est à peu près stérile et inhabitée. Toutes ces colonies, à l'exception de Terre-Neuve, forment de nos jours une confédération politique, sous le nom de DOMINION OF CANADA (empire du Canada), dont la superficie dépasse 9 millions de kilomètres carrés, mais dont la population n'est que de 3,600,000 habitants. Ces colonies sont : le CANADA, des Grands Lacs au golfe du Saint-Laurent, la plus riche et la plus importante de toutes, dont les villes principales sont *Ottawa*, *Québec* et *Montréal* ; — le NOUVEAU-BRUNSWICK, capitale *Saint-John* ; la NOUVELLE-ÉCOSSE, capitale *Halifax* ; l'île du PRINCE-ÉDOUARD, capitale *Charlottetown*, à l'E. ; — les TERRITOIRES DU NORD-OUEST ou de la baie d'Hudson, vastes solitudes où l'on chasse les animaux à fourrure ; — la petite colonie de MANITOBA ou de la Rivière-Rouge, au S. ; — puis, au delà des montagnes Rocheuses, la COLOMBIE ANGLAISE et le TERRITOIRE DE STEKEEN.

L'ÎLE DE TERRE-NEUVE, importante par la pêche de la morue, a plus de 100,000 kilomètres carrés et 160,000 habitants. La capitale est Saint-John. Les *îles Bermudes*, dans l'Atlantique, à 950 kilomètres des côtes des États-Unis, ne sont qu'une station militaire.

Les Danois, qui possèdent l'Islande, ont quelques petits établissements sur la côte S.-O. du Groënland.

§ 79. — AMÉRIQUE CENTRALE. — SA SITUATION. — SES CINQ RÉPUBLIQUES.

L'AMÉRIQUE CENTRALE, proprement dite, s'étend du Mexique à l'isthme de Panama, sur une longueur de 2,200 kilomètres, entre la mer des Antilles, qui forme le vaste golfe de Honduras et le Grand Océan. Elle est traversée dans le sens de la longueur par une chaîne de montagnes assez élevées, remarquable surtout par ses nombreux volcans, rangés le long du Grand Océan ; c'est sur cette côte et sur les hauts plateaux voisins que presque toutes les populations sont agglomérées ; car les plaines basses du versant de la mer des Antilles sont généralement malsaines. La terre est assez fertile, mais mal cultivée ; le sol renferme de grandes richesses minérales, mais elles sont encore peu exploitées. La population se compose de blancs, d'origine espagnole, d'Indiens et de métis. Elle est de 2,600,000 habitants, sur un territoire de 452,000 kilomètres carrés.

C'est l'une des positions les plus magnifiques du globe ; cette région serait transformée, si l'on parvenait à établir de grandes voies de communication, un canal maritime surtout, entre les deux mers ; le commerce du monde entier est intéressé au succès d'une pareille œuvre. Les progrès en tous genres de l'Amérique centrale auraient été, d'ailleurs, plus rapides si elle n'était divisée en cinq petites républiques, souvent ennemies :

Guatemala, capitale *Guatemala*; San-Salvador, capitale *San-Salvador*; Honduras, capitale *Comayagua*; Nicaragua, capitale *Managua*; et Costa-Rica, capitale *San-José*.

§ 80. — LES GRANDES ANTILLES. — LES PETITES AN-
TILLES. — LES LUCAYES.

Entre les deux Amériques est l'Archipel Colombien des Antilles, que les Anglais appellent les *Indes occidentales*. Elles décrivent une ligne courbe, qui sépare l'Atlantique du vaste golfe situé entre ces deux continents et le divise lui-même en deux parties : le golfe du Mexique, au N.-O., la mer des Antilles, au S.-E.

La plupart de ces îles sont montueuses, volcaniques, bien arrosées, riches en métaux peu exploités, mais surtout fertiles en productions dites coloniales. Le climat est chaud et trop souvent malsain. La population indigène a presque complétement disparu : les habitants sont des Européens, des créoles, des noirs esclaves ou affranchis, des métis. La population de toutes les Antilles est d'environ 4,300,000 habitants.

Ce vaste archipel comprend :

1° Les Grandes Antilles, au nombre de quatre, Cuba, Haïti, Porto-Rico et la Jamaïque. — Cuba, terre fertile surtout en sucre, a 1,200 kilomètres de longueur et 1,500,000 habitants. La capitale est le beau port de *la Havane*, peuplé de 230,000 habitants; elle appartient aux Espagnols; — Haïti, à l'E., traversée par quatre chaînes de montagnes, renferme la république des noirs d'Haïti, à l'O., capitale *Port-au-Prince*, et la Ré-

PUBLIQUE DOMINICAINE, à l'E., capitale *Santo-Domingo*; — PORTO-RICO, à l'E., fertile et bien peuplée, appartient aux Espagnols; elle a pour capitale *San-Juan*; — la JAMAÏQUE, au S. de Cuba, est une possession anglaise, qui produit beaucoup de sucre et de rhum; elle a pour villes principales *Spanishtown* et le bon port de *Kingston*.

Les PETITES ANTILLES, qui forment un arc de cercle, depuis Porto-Rico jusqu'à la côte de l'Amérique méridionale, également volcaniques et fertiles, sont des colonies qui appartiennent à plusieurs peuples de l'Europe, Anglais, Français, Hollandais, Danois et Suédois. La France y possède les deux îles de la *Guadeloupe* et de la *Martinique*.

Les îles LUCAYES ou de BAHAMA, au N. des Antilles, les rattachent à la presqu'île de Floride, dont elles sont séparées par le canal de Bahama. Ce sont des îlots, qui reposent sur deux vastes bancs de sable et qui sont séparés par des canaux peu profonds. Elles sont peu importantes et appartiennent aux Anglais.

§ 81. — L'AMÉRIQUE MÉRIDIONALE. — SA SITUATION. — MONTAGNES. — GRANDS FLEUVES.

L'AMÉRIQUE MÉRIDIONALE est une grande presqu'île triangulaire, jointe à l'Amérique centrale par l'isthme de Panama; elle a 7,500 kilomètres du N. au S., et 5,000 kilomètres dans sa plus grande largeur. Traversée par l'Équateur, elle a la plus grande partie de ses terres dans la zone torride. Ses côtes sont fort peu découpées, et elle a quelque ressemblance de confi-

MER DES ANTILLES
VENEZUELA
NOUVELLE
Bogota
ÉQUATEUR
C. de Paria
Quito
PANAMA
Payta
Lima
BRÉSIL
BOLIVIE
La Plata
Copiapo
l'Assomption
Coquimbo
Valparaiso
Santiago
Bahia
l'Île
Valdivia
Chiloé
PATAGONIE
Natal
Bahia
Rio de Janeiro
Montévidéo
Buenos Ayres
Rio de la Plata
S.te Catherine
Iles Malouines
ou Falkland
Terre de Feu
Terre des États
C. Horn
OCÉAN PACIFIQUE
OCÉAN ATLANTIQUE
AMÉRIQUE
DU SUD

guration avec l'Afrique; mais elle est bien plus ouverte à la navigation et au commerce; ses rivages de l'Atlantique sont tournés vers les vents alizés et les courants qui portent vers elle les navires de l'ancien monde; de ce côté se déversent de grands fleuves navigables, aux nombreux affluents, qui permettent de pénétrer dans l'intérieur des terres.

La charpente de l'Amérique du Sud est surtout déterminée par l'immense CORDILLÈRE DES ANDES, longue de 7.500 kilomètres, qui suit de très-près la côte du Grand Océan depuis l'isthme de Panama jusqu'au cap Froward. Elle renferme plusieurs des sommets les plus élevés du globe, avec de nombreux volcans ; elle est riche en métaux précieux; ses vallées et ses flancs sont fertiles; elle donne naissance à la plupart des cours d'eau, qui portent partout la fécondité. Elle divise l'Amérique en deux versants inégaux : celui de l'O. ou du Grand Océan, très-étroit, presque sans pluie, sans rivière de quelque importance; et celui de l'E. ou de l'Atlantique, composé de plaines immenses, dont l'uniformité est cependant rompue, au N.-E., par la *haute terre de la Parime* ou *de la Guyane*; à l'E., par la *haute terre du Brésil oriental*.

Le versant de l'Est est lui-même incliné vers trois parties de l'Océan Atlantique, qui ont chacune leur grand fleuve : la mer des Antilles reçoit l'Orénoque; l'Océan Atlantique équinoxial reçoit le fleuve des Amazones; l'Océan Atlantique austral reçoit la Plata.

Paysage des Andes.

§ 82. — L'ORÉNOQUE. — LE FLEUVE DES AMAZONES. —
LE RIO DE LA PLATA.

L'ORÉNOQUE vient des montagnes de la Parime,
décrit la moitié d'une circonférence, reçoit de nombreux affluents surtout à gauche, et finit par un vaste
delta de 300 kilomètres de base. Son cours de 2,250 kilomètres est embarrassé par des rapides et par les
trains d'arbres qu'il charrie; il a de grandes crues
et ses bords sont couverts d'épaisses forêts. L'un de
ses affluents de gauche, le *Cassiquiare*, communique,
dans la saison des pluies, avec le Rio Negro, affluent
du fleuve des Amazones.

Le MARAÑON OU FLEUVE DES AMAZONES est formé
par deux grandes rivières, qui viennent des Andes du
Pérou, le Tunguragua ou Marañon et l'Ucayali. — Le
Tunguragua sort du lac Lauricocha, coule dans les
Andes, du S. au N., en sort par de nombreux rapides,
et se réunit à l'*Ucayali*, qui vient du plateau de Puño,
plus au S., au Pérou. Le fleuve coule alors de l'O. à
l'E., dans la plaine immense du Brésil, qu'il inonde au
loin dans la saison des pluies. Il forme beaucoup d'îles,
se partage en bras nombreux, est partout large, profond, navigable, entraînant beaucoup d'arbres déraci-
nés et des îles entières. Il se jette dans l'Atlantique
par un estuaire large de 300 kilomètres; son bras méridional rejoint l'embouchure du Rio Tocantins pour
former le Rio Para; entre ces deux bras est l'île Ma-
rajo, longue de 270 kilomètres, large de 240. L'embouchure du fleuve est célèbre par la grande barre d'eau

appelée *pororoca*; l'eau refoule, à plus de 300 kilomètres au large, les flots de l'Océan, en entraînant une masse énorme de limon. Le cours du fleuve est de 3,200 kilomètres depuis la réunion du Tunguragua et de l'Ucayali, qui a lui-même 1,600 kilomètres. Plusieurs de ses très-nombreux affluents sont de véritables fleuves par l'étendue et la masse de leurs eaux, comme le Purus, le Madeira, le Tapajos, sur la rive droite; le Rio Negro, sur la rive gauche.

Le Rio de la Plata est un vaste estuaire, une sorte de bras de mer, long de 300 kilomètres, large de 250 à l'embouchure. Il est formé par la réunion de l'Uruguay et du Parana : l'*Uruguay* vient du Brésil méridional, coule du N.-O. au S.-E. et a 13,00 kilomètres de cours; — le *Parana*, plus considérable, à l'O., vient également du Brésil, forme de grandes lagunes, a parfois 15 kilomètres de largeur, renferme beaucoup d'îles et inonde souvent les plaines voisines. Ses affluents de droite sont considérables; comme le Paraguay, long de 1,800 kilomètres, qui vient du N., le Pilcomayo et le Vermejo, qui viennent du N.-O.

§ 83. — RÉGIONS DE L'AMÉRIQUE MÉRIDIONALE.

L'Amérique méridionale comprend plusieurs régions distinctes :

1° A l'O., la côte du Grand Océan, chaude et malsaine dans sa partie voisine de l'Équateur; tempérée, saine et fertile, plus au S., dans le Pérou et le Chili.

2° La région montueuse du plateau des Andes, riche

en métaux précieux, bien cultivée, peuplée, mais exposée à de fréquents orages.

3° La haute terre de la Guyane, d'une végétation luxuriante, mais entourée de terres basses et malsaines.

4° La haute terre du Brésil, accidentée, riche en métaux précieux, fertile, avec des côtes malsaines jusqu'au tropique du Capricorne.

5° Au N., la région des *Llanos* ou steppes herbacés, entre les Andes et la Guyane, plaines sans arbres, desséchées pendant l'été, couvertes de pâturages verdoyants pendant la saison des pluies.

6° Au centre, la région des *Forêts* (Selvas), qui couvre la plus grande partie du vaste bassin de l'Amazone.

7° Au S., la région des *Pampas*, immenses plaines désertes, qui rappellent les Llanos et occupent le bassin de La Plata.

§ 84. — ÉTATS DE L'AMÉRIQUE MÉRIDIONALE. — LEURS CAPITALES.

Tous les États de l'Amérique méridionale touchent à la mer, à l'exception du Paraguay.

Au Nord se trouvent trois républiques : les ÉTATS-UNIS DE COLOMBIE ou NOUVELLE-GRENADE, république fédérative, qui touche aux deux mers et comprend la partie la plus étroite de l'Amérique centrale, l'*Isthme de Panama*, que traverse un chemin de fer long de 75 kilomètres. La chaîne des Andes s'y épanouit en trois branches et le principal fleuve est la *Magdalena*.

long de 1,300 kilomètres. La capitale est *Santa-Fé
de Bogota*. La population est d'environ 3,000,000 d'habitants.

Le VENEZUELA, à l'E., sur la mer des Antilles, comprend la plus grande partie du bassin de l'Orénoque.
La population est de 1,800,000 habitants. La capitale
est *Caracas*.

La république de l'ÉQUATEUR, au S. de la Nouvelle-Grenade, sur le Grand Océan, est traversée par les
deux chaînes parallèles, qui renferment les plus hauts
sommets des Andes, comme l'Antisana et le Chimborazo. La république, peuplée de 1,100,000 habitants,
a pour capitale *Quito*.

La GUYANE est une haute terre montueuse, au N.-E.
de l'Amérique méridionale, qui est comme entourée
d'eau de tous côtés par l'Orénoque, le Cassiquiare, le
Rio Negro, l'Amazone et l'Atlantique. Les Anglais, les
Hollandais et les Français se partagent la possession
de cette terre fertile, mais malsaine, qui n'est exploitée et même connue que sur les côtes.

Le vaste EMPIRE DU BRÉSIL comprend la plus grande
partie du bassin de l'Amazone et une partie du bassin
de La Plata. Sa superficie est de 8,300,000 kilomètres
carrés, près de la moitié de toute l'Amérique méridionale. Les côtes sur l'Atlantique ont un développement
de 6,000 kilomètres. C'est une région, qui a de grandes
richesses minérales et végétales, de magnifiques forêts,
et qui produit surtout beaucoup de sucre et de café.
La population dépasse 10,000,000 d'habitants, dont
plus de 1,400,000 nègres; plus de 500,000 Indiens
errent encore dans les immenses solitudes de l'inté-

rieur ; les Brésiliens sont d'origine portugaise. Le gouvernement est une monarchie constitutionnelle. La capitale est *Rio-de-Janeiro*, grand et beau port de 420,000 habitants.

Le bassin de La Plata renferme trois républiques : le PARAGUAY, au N., entre le Parana et le Paraguay, dont la capitale est l'*Assomption*. — L'URUGUAY, ou BANDE ORIENTALE, entre le Brésil et le Rio de La Plata, dont la capitale est le port considérable de *Montevideo*, sur la rive gauche du fleuve. — La RÉPUBLIQUE ARGENTINE ou de LA PLATA, bien plus étendue, qui s'étend de l'Atlantique aux Andes et renferme les plaines immenses des Pampas et même les déserts de la Patagonie. La capitale est *Buenos-Ayres*, grande ville de commerce de 400,000 habitants, sur la rive droite du Rio de La Plata.

À l'O. de l'Amérique méridionale, il y a deux républiques que la nature semble devoir réunir, et que la politique a séparées : le Pérou et la Bolivie.

Le PÉROU s'étend le long du Grand Océan sur 2,200 kilomètres et renferme les hauts plateaux des Andes, d'où descend le fleuve des Amazones. — La BOLIVIE comprend le vaste plateau où repose le lac Titicaca, long de 240 kilomètres, à une hauteur de 3,900 mètres, et qu'entourent les sommets les plus massifs, le Sorata, l'Illimani, le Cerro de Potosi. La Bolivie ne touche à la mer, vers le S.-O., que par le désert d'Atacama ; mais au N. et à l'E. s'étendent des plaines basses et boisées. — La population du Pérou est de 2,700,000 habitants, et sa capitale est *Lima*, dont le port est Le Callao ; — la population de la Bolivie est de 2,000,000 d'habitants; ses villes principales sont *Chuquisaca* ou Sucre et La Paz.

Enfin **au S.-O.** de l'Amérique méridionale, la RÉPU-BLIQUE DU CHILI est une longue bande de terre entre le Grand Océan et la chaîne des Andes ; c'est un pays fertile, bien cultivé, au climat tempéré. La population dépasse 2,000,000 d'habitants. La capitale est *Santiago*, dont le port est Valparaiso.

Toutes les côtes de la PATAGONIE, au S. de l'Amérique, sur le Grand Océan, sont découpées et bordées d'îles nombreuses. — Au S. est le long et tortueux détroit de Magellan, qui sépare la pointe de l'Amérique de l'archipel volcanique de la Terre-de-Feu, dans lequel est le cap Horn, passage redouté des navigateurs. — A l'E. se trouvent les îles Falkland, qui appartiennent aux Anglais.

CHAPITRE VIII

L'Océanie ; ses grandes divisions. — Les trois grandes
races de l'espèce humaine.

---

§ 85. — OCÉANIE. — SES DIVISIONS. — ILES DE LA
MALAISIE.

On donne le nom d'OCÉANIE à l'Australie, la plus
grande des îles ; au vaste archipel qui s'étend au S.-E.
de l'Asie, et aux îles nombreuses disséminées sur le
Grand Océan, entre l'Asie et l'Amérique. On évalue la
superficie à 10,600,000 kilomètres carrés.

On divise l'Océanie en trois parties : la Malaisie ou
Indes Orientales, au S.-E. de l'Asie ; la Mélanésie, au
S.; la Polynésie, à l'E.

La MALAISIE, qui tire son nom des Malais, ses plus
nombreux habitants, est tout entière dans la zone torride ; mais la chaleur est presque partout tempérée,
soit par l'altitude du sol, soit par les brises de la mer.
Cet archipel est remarquable par l'étendue de ses îles
et par les richesses qu'elles renferment. Il est habité
par les indigènes, qui portent différents noms, nègres
de petite taille, refoulés dans l'intérieur des îles ; par

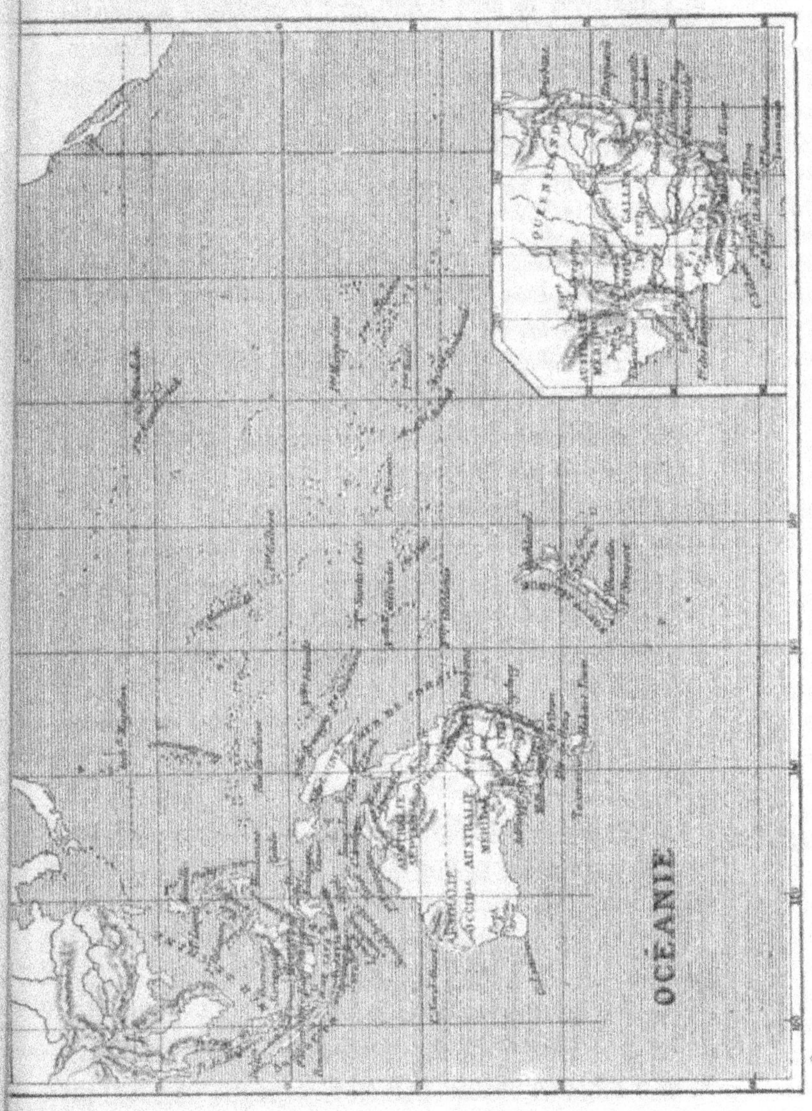

OCÉANIE

des Malais, à la face large, aux pommettes saillantes, au teint brun rougeâtre, pour la plupart musulmans par des Chinois, qui émigrent de plus en plus dans ces îles, pour travailler et s'enrichir.

La Malaisie comprend :

Les ILES DE LA SONDE au S., formant une longue chaîne du N.-O. au S.-E., séparées de l'Asie par le détroit de Malacca ; les principales sont Sumatra, Java, où les Hollandais règnent sur plus de 20,000,000 de sujets ; *Batavia*, au N. de Java, peuplée de 280,000 habitants, est la capitale de leurs possessions ;

BORNÉO, au N., l'une des plus grandes îles du monde, dont les Hollandais possèdent les côtes au S. et à l'E.;

CÉLÈBES et les MOLUQUES ou îles aux épices, à l'E., qui dépendent également des Hollandais;

Les PHILIPPINES, au N., vaste archipel d'îles grandes et fertiles dont la plupart appartiennent aux Espagnols; ils y règnent sur 4,000,000 de sujets; leur capitale est *Manille*, belle ville de 200,000 habitants dans l'île de Luçon.

§ 86. — MÉLANÉSIE : — AUSTRALIE.

La MÉLANÉSIE (îles des Noirs) comprend l'Australie avec la Tasmanie, la Nouvelle-Guinée et de nombreux archipels à l'E.

L'AUSTRALIE a 3,200 kilomètres du N. au S., 3,900 kilomètres de l'O. à l'E., et 7,750,000 kilomètres carrés de superficie. C'est une terre massive, aux côtes peu découpées, entourées de nombreux récifs, surtout au N. et à l'E. Une chaîne, peu élevée, longue de 2,000 kilomètres, les *Montagnes Bleues*, se développe à peu de distance de la côte orientale ; c'est dans ses ramifications méridionales qu'on a trouvé d'abondantes mines d'or. — L'Australie est mal arrosée ; le plus grand fleuve est le *Murray*, au S. ; on trouve dans la même région beaucoup de lacs ou plutôt de vastes marécages. — L'intérieur de l'Australie est un pays de demi-stérilité, à l'aspect uniforme et triste ; le sud et l'est sont les parties les plus fertiles.

Les plantes, les arbres, les animaux ont un caractère étrange et semblent appartenir à une création toute particulière. Les nègres australiens, peu nombreux, vivent isolés misérablement, et sont condamnés à disparaître bientôt.

Les Anglais, maîtres de l'Australie, l'ont peuplée, exploitent avec fruit ses excellents pâturages, que nourrissent d'immenses troupeaux de moutons, de bœufs et de chevaux. Ils l'ont divisée en six grandes colonies, dont plusieurs sont déjà florissantes : la NOUVELLE-GALLES DU SUD, au S.-E., dont la capitale est *Sydney*, port magnifique, peuplé de 140,000 habitants ; — le QUEENSLAND, au N.-E., capitale *Brisbane* ; — L'AUSTRALIE HEUREUSE ou VICTORIA, au S.-E. de l'Australie, qui renferme les mines d'or les plus abondantes, capitale *Melbourne*, ville de commerce de plus de 200,000 habitants ; — l'AUSTRALIE MÉRIDIONALE, pays agricole, capitale *Port-Adélaïde* ; — l'AUSTRALIE OCCIDENTALE, beaucoup moins peuplée, capitale *Perth* ; — l'AUSTRALIE SEPTENTRIONALE, encore presque inhabitée.

La TASMANIE, terre fertile, peuplée de plus de 100,000 habitants, est comme le prolongement méri dional de l'Australie. Sa capitale est *Hobart-Town*.

La NOUVELLE-GUINÉE, séparée de l'Australie au N. par le détroit de Torrès, paraît être la plus grande île du globe. Elle est habitée par les Papous, noirs aux cheveux crépus, mais est encore presque inconnue.

Parmi les îles de la Mélanésie, nommons la NOUVELLE-CALÉDONIE, longue de 370 kilomètres, à 1,300 kilomètres de l'Australie. Elle appartient à la France qui en a fait un lieu de déportation. Le chef-lieu est *Nouméa*.

§ 87. — POLYNÉSIE — NOUVELLE-ZÉLANDE.

La POLYNÉSIE (ce mot signifie îles nombreuses) comprend toutes les îles répandues dans le Grand Océan à l'E. de la Malaisie et de la Mélanésie. Elles sont généralement petites; les unes, hautes et volcaniques; les autres, basses et environnées de récifs de corail. Dans la partie occidentale, qu'on nomme quelquefois *Micronésie*, la population est fortement mêlée de sang papou; dans les autres îles, c'est la race polynésienne, grande, aux traits réguliers, plus intelligente.

Parmi les nombreux archipels de la Polynésie, nous ne citerons que les *îles de la Société*, d'origine volcanique, la plupart sous le protectorat de la France; Papéiti est le port de Tahiti, la principale; — et les *îles Marquises*, volcaniques, montueuses, qui sont à la France.

Beaucoup plus au N., entre le Japon et la Californie, sont les ÎLES SANDWICH, renfermant d'énormes volcans et fertiles. Elles sont habitées par une population intelligente, civilisée, ayant un gouvernement constitutionnel. La capitale est le bon port d'*Honoloulou*.

A plus de 1,000 kilomètres, au S.-E. de l'Australie, se trouve la NOUVELLE-ZÉLANDE, magnifique colonie anglaise, dont la superficie est de 275,000 kilomètres carrés et dont la population dépasse 350,000 habitants, dont 45,000 indigènes ou Maoris. Elle comprend deux grandes îles, longues chacune de 800 kilomètres, séparées par le détroit de Cook ; de formes bizarres, montueuses, volcaniques, elles ont de bons ports et de grandes richesses minérales et végétales. La capitale est *Auckland*.

§ 88. — LES TROIS GRANDES RACES DE L'ESPÈCE HUMAINE.

Les hommes, qui peuplent la Terre, appartiennent tous à la même espèce, qu'on appelle l'*espèce humaine*. Elle se divise en plusieurs races et les races en plusieurs familles. On a défini la *race* l'ensemble d'individus semblables, se distinguant des hommes appartenant à d'autres races par des différences physiques, par le langage, par certaines aptitudes ou coutumes caractéristiques. On s'accorde généralement à reconnaître trois races principales : la race blanche, la race jaune et la race noire.

Les caractères généraux des hommes de la RACE BLANCHE sont : le crâne ovale, le visage ovale, la peau blanche, plus ou moins transparente, le nez droit ou

aquilin, les cheveux fins, la barbe fournie, etc. Cette
race, qu'on appelle encore *race aryenne, indo-germani-
que, caucasique*, a peuplé la plus grande partie de
l'Europe, en partie l'Inde et l'Asie antérieure, en partie le nord de l'Afrique; puis les Européens l'ont por-
tée dans tous les pays du monde, où ils se sont établis; de nos jours la race blanche peuple la plus

Race blanche.

grande partie des deux Amériques et de l'Australie.

Les hommes de RACE JAUNE, *scythique*, *tatare* ou
mongolique, se distinguent par leur tête plutôt quadrangulaire qu'ovale, par leur face large, aux pommettes saillantes, au nez écrasé, aux yeux le plus
souvent bridés; leur chevelure est noire et rude. Ils

ont occupé une grande partie de l'Asie, surtout au centre, au nord, à l'est et au sud-est. En Europe, les Finnois, les Magyares ou Hongrois, les Turcs Ottomans, etc., appartiennent à cette race.

Race jaune.

La RACE NOIRE, qui a la peau noire, les cheveux crépus, les lèvres épaisses, le front souvent fuyant.

a peuplé la plus grande partie de l'Afrique et de l'Océanie.

Les autres races secondaires, comme la *race malaise* et la *race polynésienne*, dans l'Océanie, la *race des Peaux-Rouges*, en Amérique, semblent être des mélanges des trois premières.

Type de race noire.

CHAPITRE IX

France. — Les côtes. — Les montagnes. — Les fleuves. — Les frontières.

---

§ 89. — LA FRANCE. — SA SITUATION. — SES CÔTÉS.

La France est l'un des grands pays de l'Europe occidentale. Elle occupe la partie la plus considérable de la région gauloise, ayant pour limites générales deux mers, l'océan Atlantique et la Méditerranée ; deux grandes chaînes de montagnes, les Alpes Occidentales et les Pyrénées ; le cours du Rhin depuis ses sources jusqu'à son embouchure.

Elle est tout entière dans la zone tempérée, à égale distance des froids du pôle et des chaleurs brûlantes de l'Équateur. Elle n'est pas le pays le plus vaste ou le plus peuplé de l'Europe. Sa superficie est de 528,577 kilomètres carrés ; elle est donc moins étendue que la Russie, la Suède-Norvége, l'Autriche-Hongrie, l'Empire d'Allemagne. Sa population dépasse 36 millions d'habitants ; elle est inférieure à celle de la Russie, de l'Allemagne, de l'Autriche-Hongrie. Ce n'est pas la population la plus dense ; car on y compte seulement 68 habitants par kilomètre carré, tandis que la Belgique en compte 181, les Pays-Bas 116, l'Angleterre 106, l'Italie 93, l'Allemagne 79. Mais tout y est dans une harmonieuse proportion ; dans aucun pays l'unité n'est aussi complète, de par la nature et de par l'histoire.

Il suffit de jeter les yeux sur une carte de France, pour apercevoir aussitôt les traits principaux de son heureuse configuration. Avant la perte de l'Alsace et de la Lorraine, la régularité de sa forme était presque parfaite ; elle présentait six côtés, trois maritimes, trois continentaux, se correspondant avec symétrie : le côté N.-E., frontière de terre, de la mer du Nord au Rhin ; — le côté E., frontière de la Suisse et de l'Italie, du Rhin à la Méditerranée ; — le côté S.-E., formé par la Méditerranée ; — le côté S.-O. ou frontière des Pyrénées, de la Méditerranée à l'Atlantique ; — le côté O., formé par le golfe de Gascogne ; — le côté N.-O., formé par la Manche et la mer du Nord.

En donnant une idée des frontières maritimes et continentales de la France, nous verrons mieux quels sont les pays limitrophes et comment ils en sont séparés.

§ 90. — CÔTES DE FRANCE SUR LA MER DU NORD ; — LA MANCHE ; — L'ATLANTIQUE ; — LE GOLFE DE GASCOGNE.

La France a une belle position maritime sur les deux grandes mers de l'Europe, la Méditerranée qui

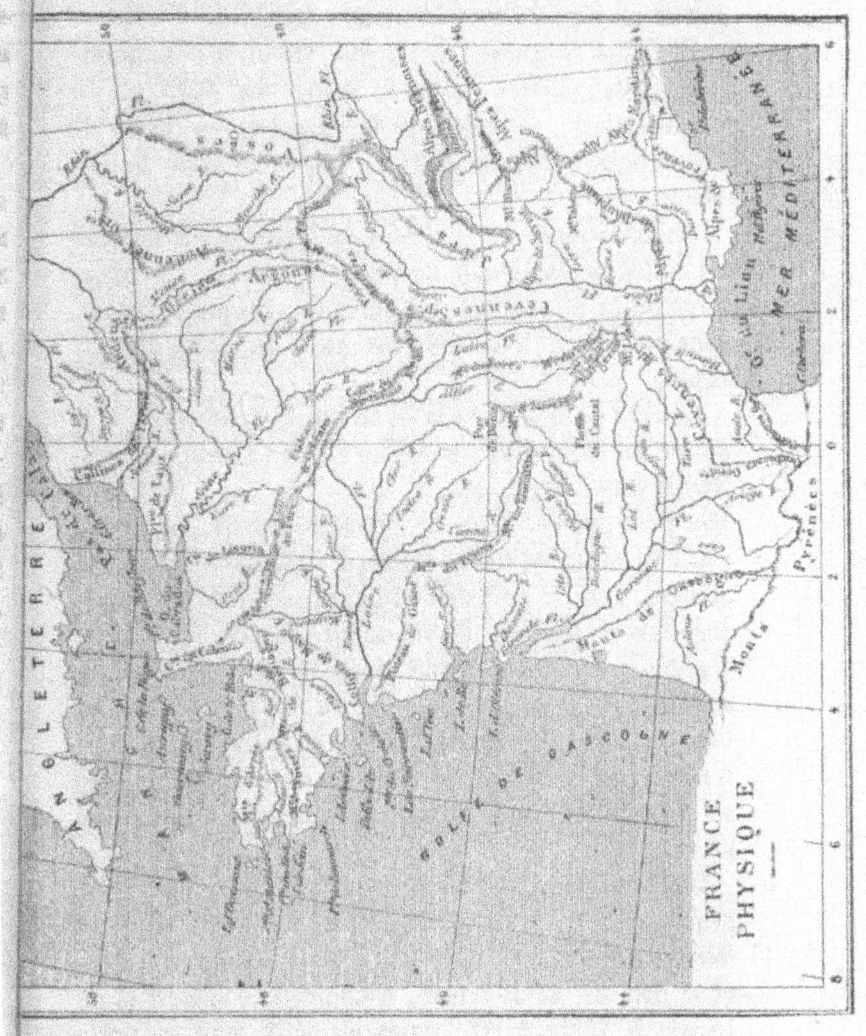
ANGLETERRE
MER MÉDITERRANÉE
GOLFE DE GASCOGNE
Pyrénées
Monts
FRANCE PHYSIQUE

la met en rapport avec l'Orient, l'Océan Atlantique qui la met en rapport avec le monde entier.

Les côtes baignées par l'Océan Atlantique comprennent quatre parties : côtes de la mer du Nord et du Pas-de-Calais; — côtes de la Manche; — côtes de l'Atlantique proprement dit; — côtes du golfe de Gascogne.

Les *côtes de la mer du Nord* sont basses ou bordées de dunes jusqu'au cap Gris-Nez sur le Pas-de-Calais, large de 34 kilomètres; les ports, Dunkerque et Calais, sont en rapport avec tous les pays du nord de l'Europe.

La *côte de la Manche* s'étend du cap Gris-Nez à la pointe Saint-Mathieu; la presqu'île du Cotentin, qui s'avance vers l'Angleterre, la divise en deux parties à peu près égales. Dans la première partie, le rivage est bas et sablonneux jusqu'à l'embouchure de la Somme, avec le port de Boulogne; — bordé de falaises élevées jusqu'à l'embouchure de la Seine, avec les deux ports de Dieppe et du Havre; — assez bas, sablonneux, avec les rochers du Calvados dans la baie de la Seine. L'extrémité de la presqu'île du Cotentin renferme le port militaire de Cherbourg, avec sa digue gigantesque, position audacieuse qui domine la Manche.

Dans la seconde partie de la côte, on trouve le grand golfe de Saint-Malo, qui forme la baie du Mont-Saint-Michel, avec ses grèves célèbres à l'E., et la baie de Saint-Brieuc, encombrée d'écueils et de bancs de sable, à l'O.; entre les deux, sont les ports de Saint-Servan et de Saint-Malo, la ville des riches

armateurs et des hardis corsaires. — La côte bre-
tonne est granitique, découpée, bordée de rochers ;
elle ne renferme que de petits ports, mais elle possède l'une des plus braves populations maritimes de
la France.

A l'O., *la presqu'île de Bretagne* oppose aux flots
de l'Atlantique une forte barrière de granit ; elle semble avoir été découpée en trois baies considérables : la
baie magnifique sur les bords de laquelle est Brest,
notre grand port maritime de l'Océan Atlantique, les
baies de Douarnenez et d'Audierne, superbes d'aspect
et baignées par une mer souvent sauvage.

La *côte du golfe de Gascogne* présente plusieurs
parties bien distinctes : de la pointe de Penmarch à
l'embouchure de la Loire, elle est découpée, rocheuse
comme la côte septentrionale de Bretagne, fréquentée
par d'excellents marins, de hardis pêcheurs ; Lorient
est notre troisième port de guerre ; Nantes est une
grande place de commerce sur la Loire maritime. —
De la Loire à la Gironde, la côte est basse, couverte
de marais salants et bordée d'îles : Noirmoutier, l'île
d'Yeu, Ré, Oleron, etc. La mer semble encombrée par
les sables et le limon ; le port de La Rochelle, jadis
très-florissant, est menacé ; mais Rochefort, sur la
Charente, notre quatrième port militaire, est toujours
important par ses constructions navales. — De la Gironde à l'Adour, la côte est droite, formée de dunes
de sable, souvent larges de 5 à 8 kilomètres, qui,
poussées par les vents d'ouest, s'avançaient de plus
en plus dans l'intérieur des terres, jusqu'au jour ou
ingénieur Brémontier, vers 1788, commença à les ar-

rêter, surtout par des plantations de pins. Bordeaux, sur la Garonne, est le grand port de commerce de cette partie du littoral. — De l'Adour à la petite rivière de la Bidassoa, qui sépare la France de l'Espagne, le rivage se relève, devient rocheux ; mais il est exposé aux furieuses tempêtes, et des bancs de sable forment une barre dangereuse à l'embouchure de l'Adour, où est le port de Bayonne.

§ 91. — CÔTES DE FRANCE SUR LA MÉDITERRANÉE.

Les *côtes de la Méditerranée* se composent de deux parties distinctes : 1° à l'O., du cap Cerbera au cap Couronne, le *golfe du Lion* forme une courbe rentrante ; la côte est basse, sablonneuse, bordée de nombreux étangs d'eau salée ; cependant on y voit quelques ports, Port-Vendres, Agde, Cette, dont le commerce de vins fait la richesse, et, après le vaste delta du Rhône, le magnifique bassin de l'étang de Berre.

Mais la seconde partie est bien plus importante : c'est la *côte de Provence*, formant une courbe dont la convexité est tournée vers la mer. Par ses rochers découpés, par ses caps nombreux, comme par ses bons marins, elle rappelle la Bretagne, mais avec un autre ciel. Là on rencontre beaucoup de ports, mais surtout Marseille, l'une des grandes villes de commerce de la Méditerranée, Toulon, notre cinquième port de guerre, et Nice, au climat délicieux.

La *Corse*, qui appartient à la région italienne, est une île de la Méditerranée, traversée par des monta-

gnes boisées, avec des côtes rocheuses, surtout à l'O.,
où s'ouvrent plusieurs golfes profonds.

§ 92. — RELIEF DE LA FRANCE.

Si l'on veut se rendre compte d'une manière générale du relief de la France, on remarquera : 1º que le
sol présente une sorte de plan doucement incliné du
S.-E. au N.-O., c'est-à-dire des Alpes et des Pyrénées
à l'Océan Atlantique ; seulement, à l'E., il y a une
longue dépression, dirigée du N. au S., entre les Alpes
et le Jura, qui est comme l'avant-terrasse des Alpes,
et la chaîne secondaire des Cévennes ; c'est l'étroite
vallée de la Saône et du Rhône ; — 2º si on mène une
ligne de l'embouchure de la Bidassoa au point de
jonction des frontières de Belgique et du Luxembourg, la France sera partagée en deux parties distinctes au point de vue de la hauteur des terres ; au
N. et à l'O. de cette ligne, les plaines dominent partout, avec de faibles ondulations et des collines peu
élevées, plateau des Ardennes, collines de Normandie,
de Bretagne ; à l'E., au contraire, et au S. de cette ligne
les montagnes dominent ; on y voit les Alpes et leurs
ramifications, le Jura, les Vosges, la longue chaîne
des Cévennes, le massif central de la France, avec les
montagnes qui le surmontent, les Pyrénées.

§ 93. — LES ALPES. — LE JURA. — LES VOSGES. — LES FAUCILLES.

L'une des trois grandes parties de la chaîne des
Alpes, les *Alpes occidentales*, se dresse entre la France

et l'Italie. La crête est formée de sommets recouverts de neiges éternelles, avec de nombreux glaciers dans les hautes vallées ; en descendant, on trouve la région des pâturages ; puis les forêts de sapins, de mélèzes, de bouleaux ; enfin les chênes, les hêtres, les châtaigniers, les terres cultivées. Les pentes sont plus rapides sur le versant italien, et les vallées semblent converger vers un centre commun, vers Turin, sur le Pô ; au contraire, les pentes françaises sont plus douces, et les vallées, divergentes ou parallèles, séparées par de hautes montagnes, viennent aboutir au grand fossé du Rhône, qui est une barrière. Les quatre sections des Alpes occidentales, les Alpes Maritimes, Cottiennes, Grées et Pennines, ont des sommets célèbres : les monts Viso, Genèvre, Tabor, Cenis, le Petit-Saint-Bernard, le mont Blanc, qui les domine tous ; elles sont traversées par des cols assez difficiles, mais qui ont pu donner passage aux armées à toutes les époques de l'histoire ; c'est au S.-O. du mont Cenis qu'on a percé récemment le massif même des Alpes par un tunnel de 14 kilomètres, qui relie les chemins de fer français et italiens.

Des ramifications considérables de la grande chaîne couvrent presque tout le pays jusqu'au Rhône et jusqu'à la Méditerranée ; les principales sont les Alpes de Provence ; les Alpes du Dauphiné, dont les sommets et les glaciers ne sont pas moins considérables, moins pittoresques que ceux des Alpes ; les Alpes de Maurienne et les Alpes de Savoie.

De l'autre côté du Rhône, vers le N., commence le massif calcaire *du Jura*, dirigé du S.-O. au N.-E. Il se

compose de six chaînons parallèles, qui s'élèvent à
l'E., comme une muraille noirâtre de 1,000 à 2,000
mètres, servant de frontière à la France et à la Suisse,
et qui diminuent progressivement d'élévation pour se
confondre avec la plaine de la Saône. C'est une région
pittoresque, avec ses petits lacs et ses cascades, couverte d'excellents pâturages, où l'on fabrique de
grandes quantités de fromages. Les sommets les plus
élevés, dans le Jura méridional : la Dôle, le Co-
lombier, le Reculet, le Grand-Credo, ont de 1,600 à
1,700 mètres.

Entre le massif du Jura et le sud des Vosges s'ouvre
la large *trouée de Belfort*, l'une des parties vulnérables
de la frontière française de l'Est. — *Les Vosges*, qui
n'appartiennent à la France que jusqu'au voisinage
du mont Donon, forment une belle chaîne secondaire,
avec des sommets arrondis, couverts de gazon, qu'on
appelle ballons, aux croupes garnies de forêts, avec
de petits lacs charmants, des étangs, des cascades.

Les monts *Faucilles* rattachent les Vosges au plateau
des *Ardennes*, surmonté des collines boisées de l'*Ar-*
gonne, et qui semble s'être enfoncé vers le centre
pour former l'étroite vallée de la Meuse. Puis le plateau de *Langres* et la *Côte d'Or*, aux vignobles célèbres,
sont comme le commencement de la longue chaîne des
Cévennes.

§ 93. — LES CÉVENNES. — LE PLATEAU CENTRAL.

Les *Cévennes*, divisées en Cévennes septentrionales
jusqu'au massif de la Lozère, et Cévennes méridio-

nales jusqu'à la grande dépression du col de Naurouze, ne sont jamais assez élevées pour empêcher les communications entre leurs deux versants, mais sont assez hautes pour déterminer la formation des eaux qui arrosent une grande partie de la France ; dans les Cévennes septentrionales (monts du Charolais, du Beaujolais, du Lyonnais, du Vivarais), le mont Pilat a 1,433 mètres, le Mézenc 1,734 mètres, le Gerbier-des-Joncs, d'où vient la Loire, 1,551 mètres, le mont Lozère, 1,683 mètres ; dans les Cévennes méridionales· le mont Aigoual a 1,567 mètres, le mont Espérou 1,420 mètres.

Les Cévennes servent en quelque sorte de soutien, à l'E. et au S., au massif du *Plateau Central* de la France. C'est une vaste terre granitique, dont nous avons déjà vu l'importance (page 51), avec de nombreux volcans éteints et de vastes coulées de laves. Il comprend les pays de l'ancienne France, appelés Auvergne, Limousin, Bourbonnais, Marche, Beaujolais, Forez, Velay, Vivarais, Gévaudan. C'est une surface ondulée, accidentée, coupée de vallées profondes. Les pentes du plateau sont inclinées vers le N. et vers l'O.; au N., il s'ouvre par les vallées étroites de la Loire et de l'Allier (Limagne d'Auvergne, très-fertile), par les vallées moins accidentées de la Creuse et de la Vienne; à l'O., les vallées profondes de la Dordogne, du Lot et du Tarn conduisent vers le bassin creux de la Garonne.

Le plateau est lui-même surmonté de montagnes assez élevées. Du massif de la Lozère se détachent vers le N. les monts du *Velay*, *du Forez* et de la *Ma-*

deleine, entre la Loire et l'Allier, avec leurs volcans éteints et leurs belles vallées ; — vers le N.-O. se dirigent les monts de la *Margeride*, chaîne granitique et boisée, qui jette vers l'O. les plateaux des Causses, arides, pierreux avec de maigres pâturages et de profondes crevasses où coulent les rivières, affluents de droite de la Garonne. Le massif du *Cantal*, dont plusieurs sommets ont de 1,700 à 1,800 mètres, unit les monts de la Margeride aux monts d'*Auvergne* et aux monts *Dore*, où est le PUY DE SANCY, la plus haute montagne de la France intérieure (1,888 mètres); ces monts, d'origine volcanique, aux flancs couverts d'excellents pâturages, projettent au N. les monts *Dômes*, parmi lesquels s'élève le PUY-DE-DÔME, haut de 1,465 mètres ; ils se continuent, vers l'O., entre les bassins de la Loire et de la Garonne, par le plateau de Mille-Vaches, par les monts du *Limousin*, aux sommets arrondis et peu fertiles, puis s'abaissent dans les plaines par les collines du Poitou.

§ 94. — LES PYRÉNÉES.

La chaîne des PYRÉNÉES s'élève, entre la France et l'Espagne, de la Méditerranée au col de Goritty, sur une longueur de 360 kilomètres ; leur épaisseur est de 110 kilomètres, au centre, de 55 aux extrémités. Cette chaîne est remarquable par l'enlacement très-confus de ses bases, son aspect sévère, sa masse serrée, compacte, inhabitable, avec des forêts, des neiges, peu de glaciers, quelques lacs. Les crêtes sont moins hautes que celles des Alpes, mais le corps de la chaîne est plus épais ; aussi les cols y sont-ils plus élevés et moins praticables ; il n'y a de neiges éternelles qu'à la hauteur de 2,700 mètres. Les sommets les plus remarquables sont du côté de l'Espagne. A peu près au centre, au mont Vallier, en venant de l'E., la chaîne décrit vers le S. les trois quarts d'une circonférence ; c'est là qu'on trouve le val d'*Arran* et les sources de la Garonne ; puis, elle reprend la direction N.-O., mais en formant une ligne un peu plus méridionale. Les Pyrénées renferment plusieurs cirques remarquables, comme le cirque de Gavarnie, creusés dans le calcaire et formés de gradins gigantesques de rochers.

On les divise en trois parties : les *Pyrénées orientales*, de la mer au Puy-de-Prigue, ont des cols ou ports assez nombreux, mais pour la plupart difficiles ; les plus importants sont ceux du Perthus et de la Perche ; — les *Pyrénées centrales*, jusqu'au Cylindre de Marboré, entre les bassins de la Garonne et de l'Ebre, sont la partie la plus épaisse et la plus élevée, renfermant quelques glaciers, mais avec des cols presque impraticables : les plus hauts sommets, Maladetta, pic de Nethou, pic Posets, mont Perdu, mont Cylindre, ne dépassent pas 3,400 mètres ; — les *Pyrénées occidentales*, entre les bassins de l'Adour et de l'Ebre, vont en s'abaissant vers l'O. ; les cols sont plus praticables : Brèche de Roland, ports de Cauterets, de Canfranc, d'Ibañetta, des Aldudes, de Belate, route de Bayonne vers Pampelune et Madrid.

Les Pyrénées renferment du fer, du cuivre, du plomb, des marbres précieux et surtout beaucoup d'eaux minérales. Le versant français est moins abrupt que le versant espagnol ; les vallées sont généralement perpendiculaires à la chaîne et déterminées par de nombreux contre-forts, qui couvrent la plus grande partie du pays jusque vers la Garonne : *Aspres*, à l'E., chaîne confuse, où le massif du Canigou domine la plaine du Roussillon ; — *Corbières orientales* ; — *Corbières occidentales*, qui font partie de la ligne générale de partage des eaux, du pic Carlitte au col de Naurouze ; — montagnes de *Bigorre*, qui se détachent du Cylindre de Marboré, entre les bassins de la Garonne et de l'Adour, d'abord très-âpres, puis s'abaissant pour former le plateau de Lannemezan, et les collines de l'*Armagnac* ; — les montagnes de la *Basse-Navarre*, qui ferment au N. la vallée de Bastan et séparent la France de l'Espagne.

Dans la partie N.-O. de la France, il n'y a que des collines peu élevées, qui déterminent la ceinture des bassins. Nous ne citerons que les *monts granitiques de Bretagne*, qui se terminent à l'O. par les monts d'Arrée et les montagnes Noires ; — les *collines de Normandie*, dont les plus hauts sommets atteignent à peine 400 mètres ; — mais surtout les *monts du Morvan*, beaucoup plus âpres, plus accidentés, couverts de bois, entre les bassins de la Loire et de la Seine.

§95. — VERSANTS ET BASSINS PRINCIPAUX DE LA FRANCE.

La France est traversée du S.-O. au N.-E. par la ligne générale de partage des eaux de l'Europe, qui détermine les deux versants de l'Océan Atlantique et de la Méditerranée. Ces deux versants sont de grandeur inégale ; celui de l'Atlantique est de beaucoup le plus considérable. Chacun de ces versants est subdivisé en bassins de fleuves, plus ou moins étendus ; le versant de la Méditerranée ne renferme que le bassin d'un grand fleuve, celui du Rhône, avec les bassins secondaires du Var, à l'E., de l'Aude, à l'O.; — le versant du golfe de Gascogne renferme les bassins de deux grands fleuves, ceux de la Gironde et de la Loire, avec les bassins secondaires de l'Adour, de la Charente et de la Vilaine ; — le versant de la Manche ne renferme que le bassin d'un grand fleuve, la Seine, avec les bassins secondaires de l'Orne et de la Somme ; — enfin la France ne possède qu'une partie du versant de la mer du Nord et des bassins de l'Escaut, de la Meuse et du Rhin.

§ 96. — BASSINS DU RHÔNE ET DE LA GIRONDE.

Le bassin du RHÔNE a sa partie supérieure en Suisse et comprend presque toute la France de l'Est. Le Rhône est un fleuve rapide, qui descend du mont Furka, à l'O. du massif du Saint-Gothard, dans les grandes Alpes, coule de l'E. à l'O., forme le beau *lac de Genève*, et change brusquement de direction à Lyon, où il reçoit la Saône, pour couler directement du N. au S. ; il finit dans la Méditerranée par un large delta. Le bassin du Rhône est presque entièrement couvert par des montagnes élevées : Alpes occidentales, Jura, Cévennes septentrionales et par leurs ramifications. Son principal affluent de droite, la *Saône*, coule lentement des monts Faucilles vers le S., et reçoit surtout les eaux du Jura; l'*Isère* et la *Durance*, ses affluents de gauche, reçoivent les eaux des Alpes occidentales.

La GIRONDE est le nom du vaste estuaire formé par la réunion de la Garonne et de la Dordogne. — La *Garonne* a ses sources dans les Pyrénées, arrose le val d'Arran, qui appartient à l'Espagne, en sort par un étroit défilé, et recueille toutes les eaux qui descendent vers le N. des Pyrénées centrales, et les eaux qui descendent vers le S.-O. du Plateau Central. Son bassin est composé, comme celui de la Seine, de vallées qui convergent, qui attirent vers un centre commun. Aussi les deux grandes villes du bassin girondin, Toulouse et Bordeaux, sont sur la Garonne. — La *Dordogne*, qui est comme un second fleuve, vient du N.-E. et recueille les eaux qui descendent de la partie occidentale du Plateau Central.

§ 97. — BASSINS DE LA LOIRE, DE LA SEINE, DE LA MER DU NORD.

La LOIRE est le plus grand fleuve de France et le seul dont le bassin soit contenu tout entier dans notre pays. Son bassin a la forme d'un parallélogramme ; la partie supérieure est dans le Plateau Central ; la partie moyenne et la partie inférieure sont composées de plaines. Le fleuve prend sa source au mont Gerbier-des-Joncs, dans les monts du Vivarais; il coule d'abord rapidement, du S. au N., dans une vallée étroite et profonde, puis, arrêté par le massif du Morvan, il incline vers le N.-O. jusqu'à Orléans, et dès lors coule vers l'O., dans une large vallée, en formant des courbes élégantes. Les eaux du fleuve sont très-capricieuses; pendant la sécheresse, le lit est obstrué par de grands bancs de sable; mais les crues sont trop souvent rapides et désastreuses, malgré les levées en terres revêtues de pierres, depuis longtemps construites, pour préserver les campagnes voisines. La navigation maritime commence à Nantes. Les plus grands affluents de la Loire sont sur la rive gauche : l'*Allier*, qui vient du Plateau Central, la *Vienne*, qui vient des monts du Limousin; et, sur sa rive droite, la *Maine*, formée de trois rivières : le Loir, la Sarthe et la Mayenne.

La SEINE est moins considérable et a des allures plus paisibles. Sa vallée, qui n'est entourée de montagnes peu élevées qu'au S.-E., est large et d'un terrain perméable; aussi les crues sont-elles peu dangereuses. Le fleuve prend sa source sur le plateau de Langres; et coule généralement vers le N.-O.; son cours est monotone jusqu'à Paris; sinueux et accidenté jusqu'à Rouen; ses rives sont pittoresques jusqu'au Havre, où il se jette dans la mer. C'est dans l'estuaire, large de 9 à 10 kilomètres, que se produit le phénomène de la *barre*, vague roulante de 3 mètres, qui se précipite, en remontant le fleuve, surtout à l'époque des grandes marées. Le bassin de la Seine, ou bassin Neustrien, forme comme une sorte de creux, et les principaux affluents du fleuve convergent vers un point central, qui est Paris : l'*Yonne*, par la rive gauche, descendant du Morvan; sur la rive droite, la *Marne*, qui vient du plateau de Langres, et l'*Oise* dont l'une des sources est en Belgique et qui vient des Ardennes.

La France ne possède que le cours supérieur de fleuves qui arrosent la Belgique, la Hollande et l'Allemagne, et qui viennent confondre, pour ainsi dire, leurs eaux, avant de se jeter dans la mer du Nord : l'*Escaut*, qui traverse notre département du Nord ; — la *Meuse*, qui coule dans une étroite vallée, creusée au milieu du plateau des Ardennes ; — et la *Moselle*, grand affluent de la rive gauche du Rhin, qui recueille les eaux d'une partie des Vosges.

§ 98. — RÉSUMÉ DES FRONTIÈRES DE LA FRANCE.

On voit, par ce qui précède, quelles sont les frontières de terre de la France et quels sont les pays voisins. La frontière du S.-O., ou des Pyrénées, sépare la France de l'Espagne ; elle est presque partout formée par les montagnes, puis à l'O. par le cours inférieur, mais assez large, de la Bidassoa. Il n'y a de passages bien praticables qu'aux deux extrémités. — La frontière du S.-E., ou des Alpes, sépare la France de l'Italie ; les passages sont difficiles d'Italie en France et les vallées transversales aboutissent à la barrière du Rhône. — La frontière de l'E., ou du Jura, sépare la France de la Suisse, dont la neutralité est un avantage pour l'Europe, qui l'a reconnue, et pour nous. — La frontière du N.-E., ou d'Allemagne, sépare la France de l'Alsace-Lorraine ; c'est la partie la plus vulnérable de notre frontière depuis que les fortifications de Metz et de

Strasbourg sont tournées contre nous. — Enfin, la frontière du Nord, ou de Belgique, traversée par de nombreux cours d'eau, de belles routes, dix chemins de fer, n'est protégée que par nos places fortes et par la neutralité de la Belgique.

CHAPITRE X

La France. — La capitale. — Les villes principales.

---

§ 99. — VILLES PRINCIPALES. — LA CAPITALE. — VILLES
DU VERSANT DE LA MER DU NORD.

La capitale de la France est PARIS, l'une des villes les plus harmonieusement disposées, sur les deux rives de la Seine, pour être le centre d'un grand pays, au milieu du bassin Neustrien, vers un point où tout semble converger : les eaux, les hommes, les idées. Aussi cette ville n'est pas seulement considérable par sa population de 1,700,000 habitants, belle et curieuse par ses monuments de toutes les époques, intéressante par les souvenirs de son histoire, intimement liée à celle de la France entière ; elle est encore, de l'aveu de tous, le centre des arts et des lettres, des industries qui réclament le goût et l'intelligence, du commerce général de la France, et, à certains égards, le centre de la civilisation européenne. Malheureusement elle est trop rapprochée des frontières du Nord et des frontières de l'Est, surtout depuis qu'on nous a enlevé l'Alsace et la Lorraine, Strasbourg et Metz. Aussi la ville la plus hospitalière de l'Europe et la plus aimée des étrangers intelligents, a-t-elle été forcée de subir récemment les douleurs d'un long siége, et il a fallu protéger par d'immenses fortifications et par tout l'appareil de la guerre la cité des arts et de toutes les nobles jouissances de la paix.

A quelques kilomètres de Paris, *Versailles*, le chef-lieu du département de Seine-et-Oise, après avoir été pendant deux siècles la résidence de l'antique monarchie, est devenue le siége du gouvernement de la jeune république. Elle est surtout célèbre par son château, son parc, etc. ; 61,000 habitants.

Les grandes villes de France sont à peu près réparties dans les différentes régions du territoire et elles ont toutes leurs caractères spéciaux. Nous ne nommerons ici que les principales villes de nos 86 départements, en suivant l'ordre des versants.

Dans le versant de la mer du Nord, la grande ville est LILLE, ancienne capitale de la Flandre, aujourd'hui le chef-lieu du département du Nord, le plus peuplé et le plus riche de nos départements, après celui de la Seine. Lille est une place de guerre de premier ordre, centre de la défense de notre frontière septentrionale. C'est une ville de 158,000 habitants, importante par son industrie et surtout par la fabrication des cotonnades, du linge, des tulles et des dentelles. Ses annexes, en quelque sorte, sont les villes voisines de *Roubaix* et de *Tourcoing*, qui ont les mêmes industries. — Dans l'Est de la France, *Nancy*, sur la Meurthe, affluent de la Moselle, est la capitale de l'ancienne Lorraine

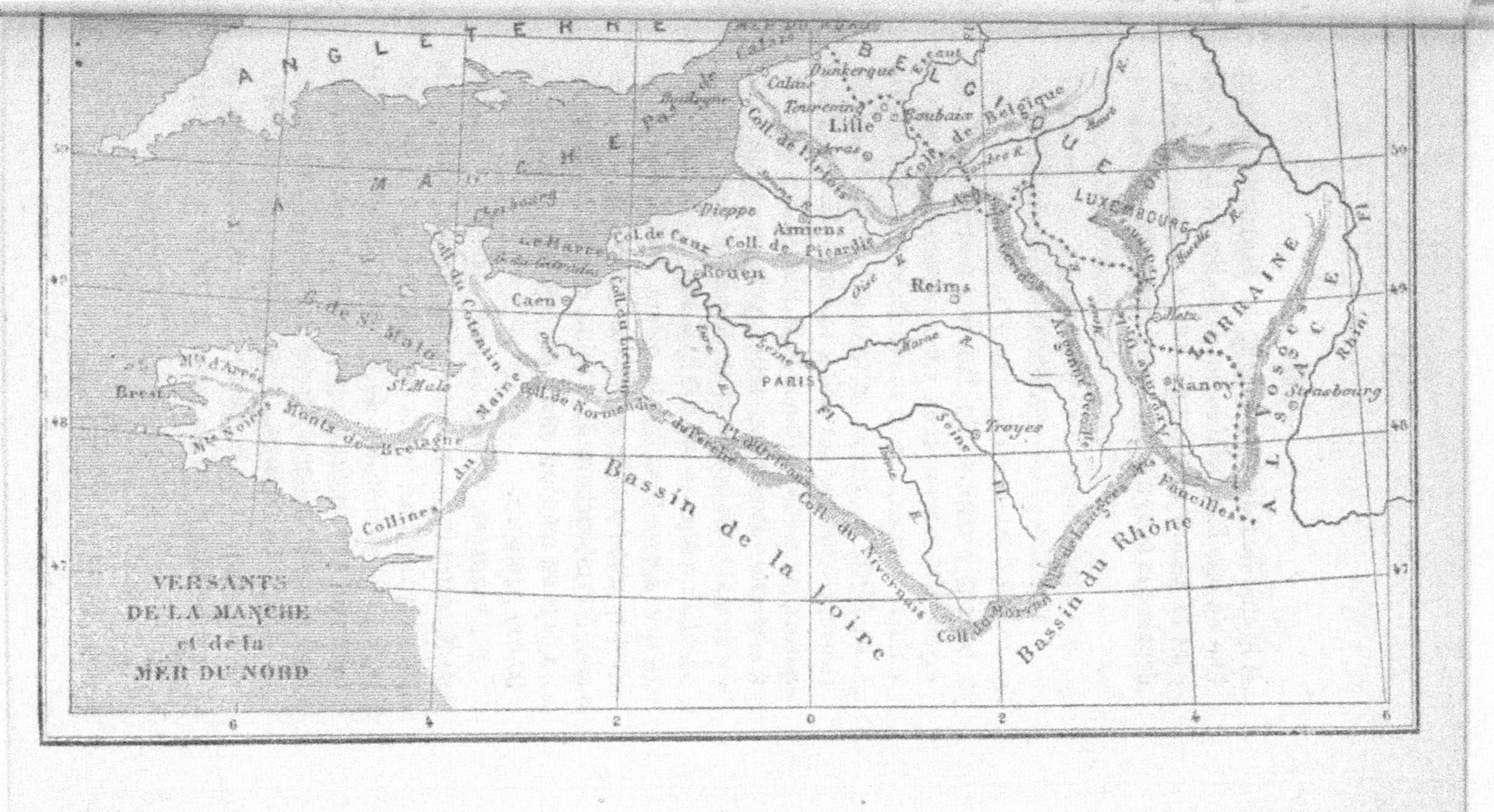

ANGLETERRE
MER DU NORD
MANCHE
Calais
Dunkerque
Tourcoing
Roubaix
Lille
BELGIQUE
Coll. de Béthune
Coll. de l'Artois
Coll. de Belgique
Escaut
Boulogne
Pas de Calais
Dieppe
Amiens
Coll. de Caux
Coll. de Picardie
Le Havre
Rouen
Oise
Somme
Aisne
LUXEMBOURG
Meuse
Moselle
LORRAINE
Metz
Nancy
VOSGES
ALSACE
Strasbourg
Rhin
Coll. du Cotentin
Cherbourg
Caen
St Malo
B. de St Malo
Mts d'Arrée
Brest
Mts Noirs
Monts de Bretagne
Collines
du Maine
Coll. de Normandie
Coll. du Perche
Coll. d'Orléans
Coll. du Nivernais
Coll. Morvan
PARIS
Reims
Marne
Seine
Aube
Troyes
Argonne Occle
Faucilles
Bassin de la Loire
Bassin du Rhône
VERSANTS
DE LA MANCHE
et de la
MER DU NORD

et le chef-lieu du département de Meurthe-et-Moselle. Elle n'a pas l'importance industrielle de Lille, mais c'est le centre intellectuel de la région du N.-E., depuis que nous n'avons plus Strasbourg.

§ 100. — VILLES DU VERSANT DE LA MANCHE.

Dans le versant de la Manche, outre Paris, nous voyons sur la Seine deux villes importantes, Rouen et le Havre : ROUEN, l'ancienne capitale de la Normandie, le chef-lieu du riche département de la Seine-Inférieure, célèbre par ses beaux monuments, est surtout remarquable par sa grande industrie (étoffes de coton, bonneterie, indiennes, toiles peintes, teintureries; construction de machines et de mécaniques, etc.); sa population dépasse 100,000 habitants; — *Le Havre* n'est qu'une sous-préfecture du même département, mais c'est le grand port de commerce de la France occidentale, à l'embouchure de la Seine, en relation avec tous les pays du monde; aussi sa population est-elle de 90,000 habitants.

Dans le même versant, on peut encore citer Amiens, au N., entre Paris et Lille ; à l'E., Reims, entre Paris et Nancy : *Amiens*, sur la Somme, ancienne capitale de la Picardie et chef-lieu du département de la Somme, fabrique surtout des velours de soie et de coton, des tapis ras, des molletons et des savons ; — *Reims*, dans l'ancienne Champagne, n'est qu'une sous-préfecture du département de la Marne, mais elle est riche de ses souvenirs et est un grand centre de la fabrication des draps, flanelles, tartans, mérinos; on y fait un commerce considérable de vins de Champagne.

Dans l'Ouest de la France, *Caen*, sur l'Orne, est la ville savante et littéraire de la Normandie ; — *Cherbourg*, à l'extrémité de la presqu'île du Cotentin, sous-préfecture du département de la Manche, est l'un de nos cinq grands ports de guerre ; — *Brest*, à l'extrémité de la Bretagne, sous-préfecture du département du Finistère, est notre grand arsenal maritime sur l'Océan.

§ 101. — VILLES DU VERSANT DU GOLFE DE GASCOGNE.

Dans le bassin de la Loire, il n'y a qu'une ville dont la population dépasse 100,000 habitants, c'est NANTES, sur la Loire, dans l'ancienne Bretagne, chef-lieu du département de la Loire-Inférieure. Nantes est l'un de nos principaux ports de commerce, en relation surtout avec les côtes d'Afrique et avec l'Inde; elle est aussi importante par ses chantiers de construction et son industrie. — La capitale de la Bretagne était *Rennes*, sur la Vilaine, aujourd'hui chef-lieu du département d'Ille-et-Vilaine; c'est surtout une ville de droit et de magistrature, de lettres et de sciences. Mais les villes d'une grandeur secondaire sont nombreuses : en remontant la Loire, on trouve *Angers*, à quelque distance du fleuve, sur la Maine, ancienne capitale de l'Anjou, chef-lieu du département de Maine-et-Loire, ville d'industrie et faisant surtout un commerce étendu de produits agricoles; — *Tours*, sur la Loire, ancienne capitale de la Touraine, souvent appelée le Jardin de

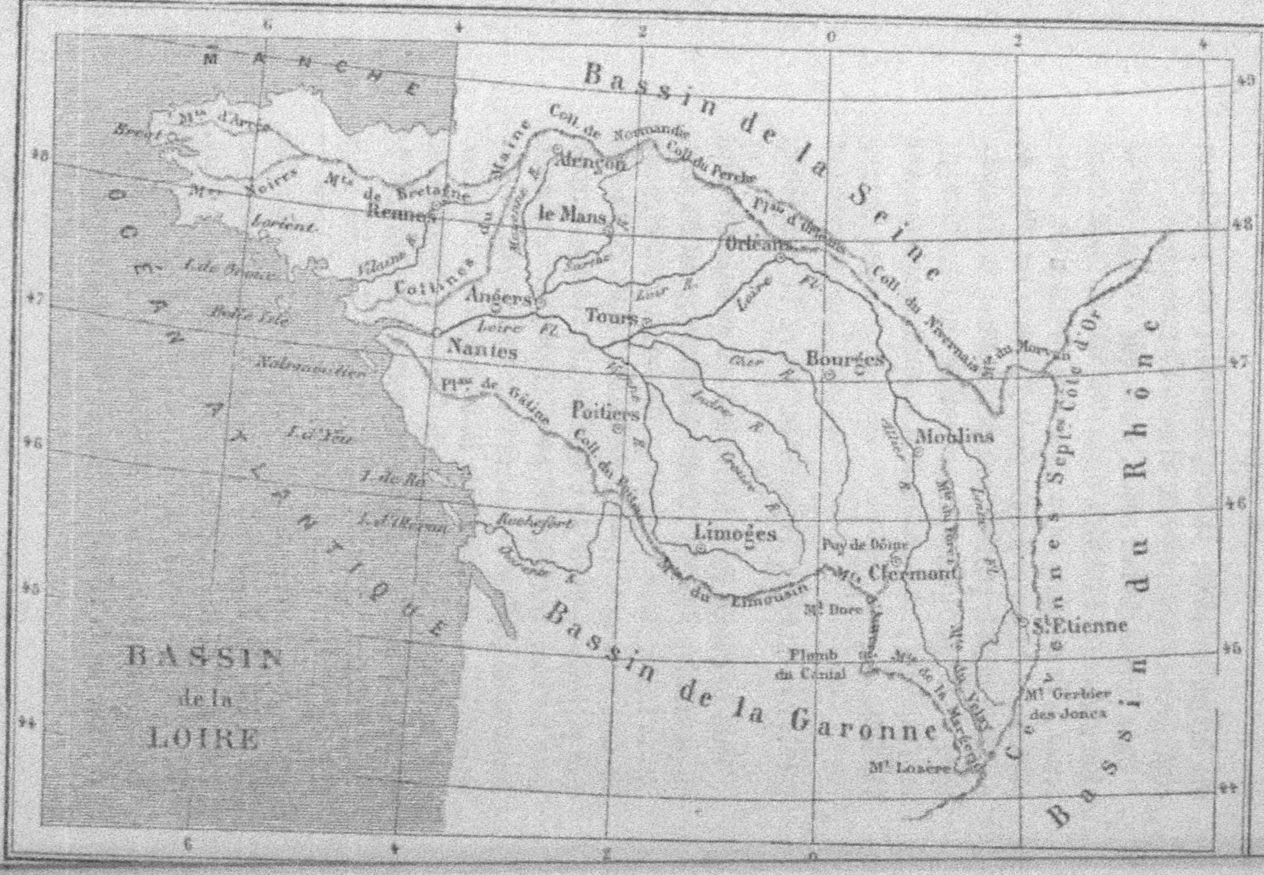
MANCHE
Bassin de la Seine
Mts d'Arrée
Brest
Loire
Mts de Bretagne
Lorient
Rennes
Alençon
Coll. de Normandie
Coll. du Perche
le Mans
Ptes d'Orléans
Orléans
Maine R.
Sarthe
Loir Fl.
Loire Fl.
Coll. du Nivernais
Mt du Morvan
Côtines du
Angers
Loire Fl.
Tours
I. de Bréhat
Belle Isle
Cher Fl.
Bourges
Noirmoutier
Ptes de Gâtine
Poitiers
Coll. du Poitou
Indre R.
Moulins
Allier R.
Mts du Forez
Loire Fl.
Sept Côtes d'Or
Bassin du Rhône
I. d'Yeu
Creuse R.
I. de Ré
L. d'Oléron
Rochefort
Limoges
Charente R.
Mts du Limousin
Puy de Dôme
Clermont
Mts Dore
Mts du Velay
St Étienne
OCÉAN ATLANTIQUE
BASSIN de la LOIRE
Bassin de la Garonne
Plomb du Cantal
Mts de la Margeride
Mt Gerbier des Joncs
Mt Lozère
Bassin du Rhône
— 196 —

la France, chef-lieu du département d'Indre-et-Loire ;
— *Orléans*, au point le plus septentrional du fleuve,
ancienne capitale de l'Orléanais, chef-lieu du département du Loiret, célèbre surtout dans l'histoire et
encore assez importante par son commerce ; — beaucoup plus au S., sur les limites du bassin du Rhône,
est Saint-Etienne, sur le Furens, chef-lieu du département de la Loire; sa population agglomérée n'atteint
pas 100,000 habitants, mais avec celle de ses dépendances elle s'élève à plus de 110,000. Ce n'est qu'une
vaste usine, laide encore et triste, mais riche et peuplée. Elle a de nombreuses fabriques de rubans, gazes,
velours, tulles ; de quincaillerie, de coutellerie ; d'armes à feu. — Dans la partie gauche du bassin de la
Loire, au S. du fleuve, les villes les plus importantes
sont Bourges, Limoges, Poitiers : *Bourges* sur un
affluent de la Loire, l'ancienne capitale du Berry, le
chef-lieu du département du Cher, et presque au
centre de la France, a ses beaux monuments, ses établissements métallurgiques et militaires ; — *Limoges*,
sur la Vienne, ancienne capitale du Limousin, chef-
lieu du département de la Haute-Vienne, a de belles
manufactures de porcelaine, d'émaux, de toiles ; —
Poitiers, sur le Clain, affluent de la Vienne, ancienne
capitale du Poitou, chef-lieu du département de la
Vienne, est une ville savante, qui fait un commerce
actif de produits agricoles; de grands événements de
notre histoire se sont passés dans les environs, au
milieu de la route des peuples et des armées, de la
Loire à Bordeaux.

Dans le bassin de la Garonne, il y a deux grandes

villes de plus de 100,000 âmes, qui toutes deux ont
été longtemps et sont encore, à certains égards, de

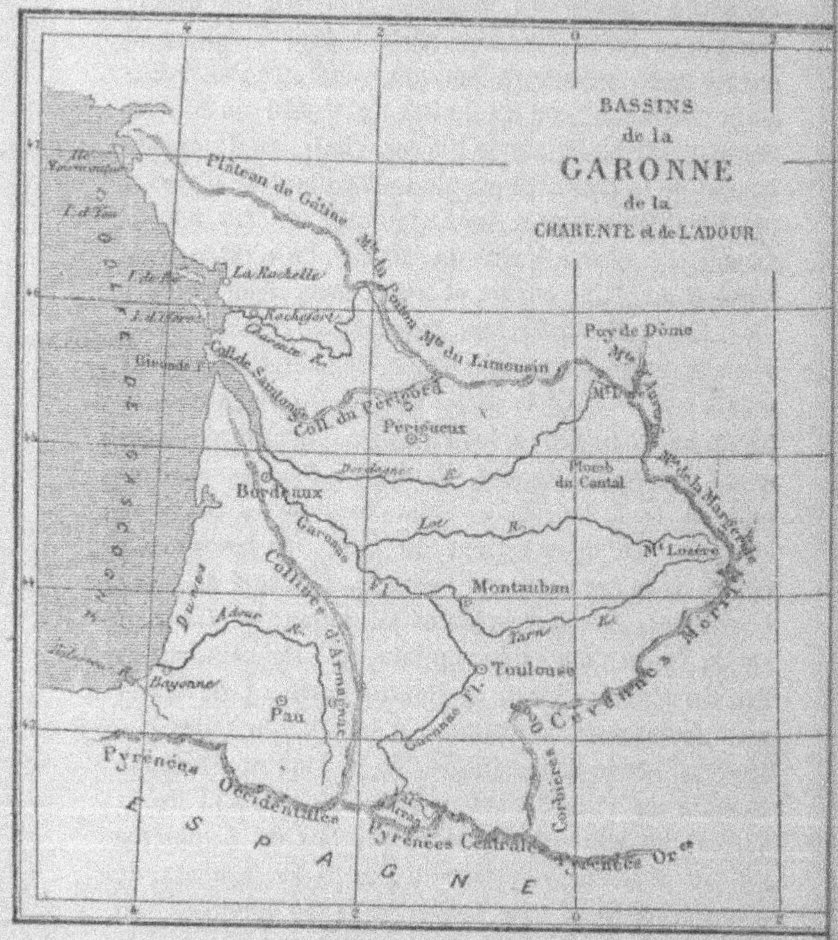

véritables capitales : Bordeaux et Toulouse. BORDEAUX,
sur la Garonne inférieure, ancienne capitale de la

Guyenne, chef-lieu du département de la Gironde, est l'un de nos ports de commerce les plus riches ; c'est une ville belle et intelligente, de près de 200,000 habitants ; — TOULOUSE, sur la Garonne supérieure, à l'endroit où le fleuve tourne vers le N.-O. et entre décidément dans la plaine, est l'ancienne capitale du Languedoc et le chef-lieu du département de la Haute-Garonne. Quoique Toulouse fasse assez de commerce, c'est surtout un centre littéraire encore assez remarquable et une ville de plaisirs pour beaucoup de Méridionaux.

§ 102. — VILLES DU VERSANT DE LA MÉDITERRANÉE.

Le versant de la Méditerranée renferme deux grandes villes, qui sont les premières après Paris : ces deux villes sont Lyon et Marseille. — LYON, au confluent du Rhône et de la Saône, ancienne capitale du Lyonnais, chef-lieu du département du Rhône, est une place de guerre de premier ordre, qui défend toute la région du S.-E. ; elle est importante par sa population de 320,000 habitants, par ses nombreux monuments, par ses souvenirs, mais surtout par son industrie considérable : ses soieries sont les premières du monde ; ses châles rivalisent avec ceux de l'Inde ; elle a des fonderies, des fabriques de bijoux, de produits chimiques, des tanneries, etc. ; enfin c'est l'entrepôt d'un commerce considérable ; — MARSEILLE dans l'ancienne Provence, chef-lieu du département des Bouches-du-Rhône, est le grand port de commerce de la Méditerranée. Cette antique colonie des Grecs de Phocée, avec ses nombreux bassins, ses beaux monuments, a pris de nouveaux développements maritimes depuis la conquête de l'Algérie et le percement de l'isthme de Suez; elle a de nombreuses industries : savonneries, construction des mécaniques, etc., et sa population est aussi de 320,000 habitants.

La France possède encore deux villes importantes sur la Méditerranée, à l'E. de Marseille : *Toulon*, sous-préfecture du département du Var, est l'un de nos cinq ports militaires, protégé par de redoutables fortifications; — *Nice*, le chef-lieu des Alpes-Maritimes, dans une admirable position, est une ville encore à moitié italienne, ville de luxe et de plaisirs, dont le séjour est recherché par les étrangers de tous les pays.

Dans l'ancien Languedoc, à l'O. du Rhône, deux villes ont gardé leur importance : Nîmes et Montpellier. — *Nîmes*, le chef-lieu du département du Gard, montre avec orgueil ses monuments de tous les âges ; c'est la reine industrielle du Languedoc par ses fabriques de soieries de toute nature, de tapis, de cravates, de bonneterie ; c'est l'entrepôt principal des soies de tout le Midi ; — *Montpellier*, à quelque distance de la mer, chef-lieu du département de l'Hérault, est célèbre par ses établissements littéraires et scientifiques et surtout par sa vieille école de médecine; on y fait aussi un grand commerce de vins et d'eaux-de-vie.

Dans le bassin secondaire de la Saône, deux villes méritent encore d'être nommées : Besançon et Dijon. — *Besançon*, sur le Doubs, ancienne capitale de la Franche-Comté, chef-lieu du département du Doubs,

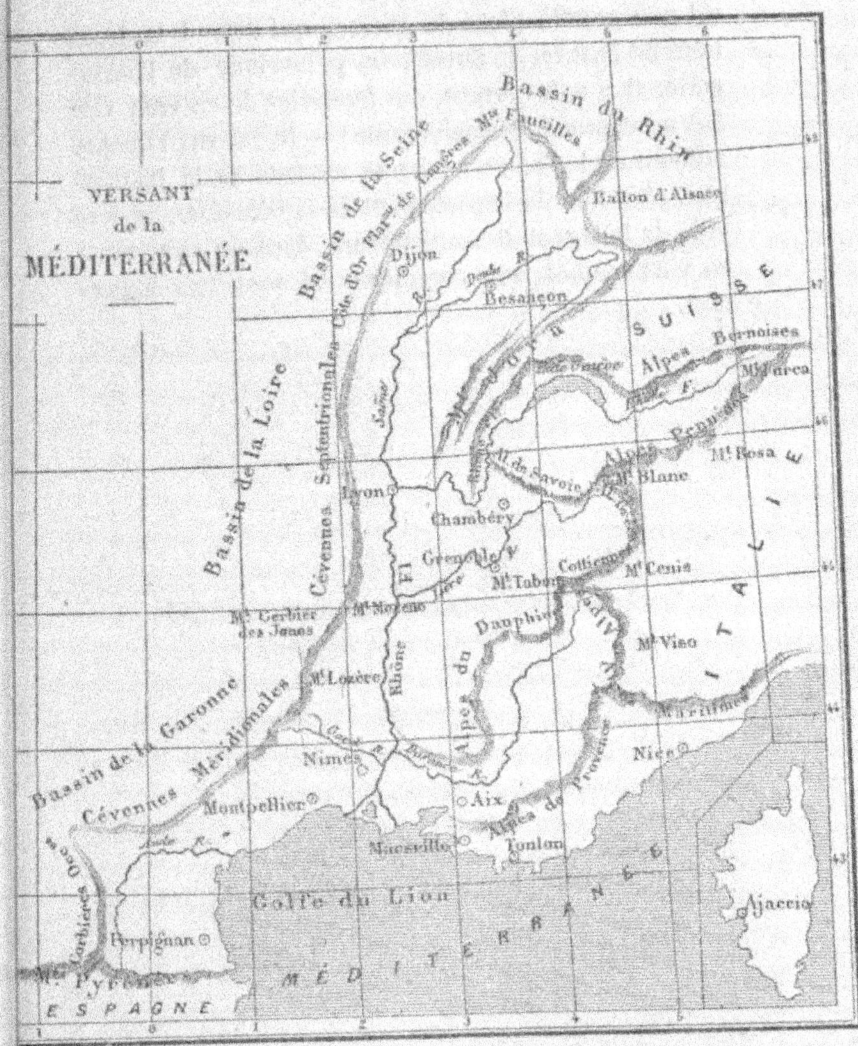
VERSANT
de la
MÉDITERRANÉE
Bassin du Rhin
Bassin de la Seine
Mts Faucilles
Ballon d'Alsace
Côte d'Or
Pl.au de Langres
Dijon
Doubs R.
Besançon
JURA
SUISSE
Bassin de la Loire
Cévennes Septentrionales
Alpes Bernoises
Saône
Mt Arca
Pennines
Alpes
Mt Rosa
Mt du Savoie
Mt Blanc
Lyon
Chambéry
Grenoble
Mt Tabor
Cottiennes
Mt Cenis
ITALIE
Mt Gerbier
des Jancs
Mt Mezenc
Dauphiné
Mt Viso
Alpes du
Rhône
Mt Lozère
Maritimes
Bassin de la Garonne
Cévennes Méridionales
Alpes de Provence
Nimes
Nice
Montpellier
Aix
Marseille
Toulon
Golfe du Lion
MÉDITERRANÉE
Corbières
Perpignan
Mts Pyrénées
ESPAGNE
Ajaccio

est une grande place de guerre, qui défend la frontière de l'Est ou de Suisse. On y fabrique de l'horlogerie; il y a des forges, des fonderies de cuivre; elle fait un commerce considérable; — *Dijon*, sur l'Ouche, affluent de la Saône, ancienne capitale de la Bourgogne, chef-lieu du département de la Côte-d'Or, est une ville de lettres et de magistrature, dans un pays riche en vins estimés; son commerce est aussi très-important.

TABLE DES MATIÈRES

Clichy.—Impr. Paul Dupont, rue du Bac-d'Asnières, 12. (Cl.) 648, 9-7.

www.ingramcontent.com/pod-product-compliance
Ingram Content Group UK Ltd.
Pitfield, Milton Keynes, MK11 3LW, UK
UKHW021642170726
13836UKWH00005B/2348